优秀教师的成长逻辑

大夏书系·教师专业发展

莫国夫 著

华东师范大学出版社
全国百佳图书出版单位
·上海·

图书在版编目（CIP）数据

优秀教师的成长逻辑 / 莫国夫著. —上海：华东师范大学出版社，2021
ISBN 978-7-5760-2296-4

Ⅰ.①优… Ⅱ.①莫… Ⅲ.①师资培养 Ⅳ.① G451.2

中国版本图书馆 CIP 数据核字（2021）第 235424 号

大夏书系·教师专业发展
优秀教师的成长逻辑

著　　者	莫国夫
责任编辑	卢风保
责任校对	杨　坤
封面设计	奇文云海·设计顾问

出版发行	华东师范大学出版社
社　　址	上海市中山北路 3663 号　　邮编　200062
网　　址	www.ecnupress.com.cn
电　　话	021-60821666　　行政传真　021-62572105
客服电话	021-62865537
邮购电话	021-62869887　　地址　上海市中山北路 3663 号华东师范大学校内先锋路口
网　　店	http://hdsdcbs.tmall.com/

印 刷 者	北京季蜂印刷有限公司
开　　本	700×1000　16 开
插　　页	1
印　　张	14
字　　数	208 千字
版　　次	2022 年 1 月第一版
印　　次	2025 年 1 月第十次
印　　数	29 101 - 30 100
书　　号	ISBN 978-7-5760-2296-4
定　　价	52.00 元

出 版 人　王　焰

（如发现本版图书有印订质量问题，请寄回本社市场部调换或电话 021-62865537 联系）

目录 CONTENTS

序言 写给正在努力前行的老师　001

第一章　坚守教育的常识

成为教育常识的捍卫者　003

为什么说教育似农业　008

没有一段生命应该为未来牺牲　011

以可能性看待儿童成长　014

今天，我们需要怎样的教育　016

网络时代的教育重塑　020

教育需要真实的守望　022

教育细节也需要真实　024

微笑是成人世界对学生最好的示范　026

相信阅读的力量　029

我们为更美好的教育而来　037

第二章 研究课堂的逻辑

一线课堂的困境及生成逻辑　041

重建课堂的教育哲学　044

如何让"学习逻辑"引领"学科逻辑"　047

课堂深度学习的底部逻辑及完整意义　050

课堂深度学习的发生可能　053

真实完整的学习历程及意义　056

课堂的关键是激活,而不是控制　058

课堂"安全感"为什么如此重要　061

课堂深度学习中的倾听关系改进　064

课堂深度学习中的社群文化建设　068

教师倾听的课堂意义　071

课堂深度学习中"被动的能动性"理解　073

让教学朝向精准　075

课堂教学的"静默"之道　081

从"盐的故事"到一线课堂的理解　088

重建课堂的研究范式　090

第三章 相信思维的力量

教师真实成长的行动思维 095
教师发展中的思考力 098
教育需要理性思维的砥砺 102
教师学习中的理性思维运用 104
专业学习要有还原思维 106
以跨界思维拆除"学科本位"的藩篱 108
学科研究现状的批判性思维观照 111
学科教学要有底限思维 113
课堂理解中的"黑匣子思维" 116
学科教学研究的基本思维 118
"学生研究"的思维逻辑 122

第四章 养成读写的习惯

教师学习应以阅读为基础 129
拯救教师的专业阅读 132
作为成熟读者的使命 139
专业学习的"第一性原理" 144
文学照亮我们庸常的生活 146
为什么要坚持写作 148
写作是思想冻土上的春耕 153

第五章 拥有成长的自觉

什么是教师的真实成长　159

一线教师成长的四大战略　162

做更有专业素养的教师　165

成为坚定的自我学习者　168

坚持专业学习的现场主义　170

坚持成为专业生活中的反思者　172

坚持成为长期主义者　174

如何面对一次专业生活的挑战　177

基于问题取向的教师知识学习　180

教师持续研究的价值及其他　183

从"优秀学子"到"优秀教师"有多远　186

给新入职教师的六条成长建议　189

为微小的改进努力　194

做时间的主动管理者　197

未来教师的U盘化生存　200

理解未来课程与教学的趋势　203

朝向未来的名师形象　206

序 言
PREFACE

写给正在努力前行的老师

我是一名教研员和教师培训工作者。从教30余年，在日常的工作中，我总能有幸遇到一些努力上进的老师。他们对于教育教学的问题总是充满着兴趣。他们有时也对成长环境和未来感到失望、迷茫。他们渴望成为更好的自己，更好地为学生的成长服务，实现一生为师的价值。见到这样的老师，我总会想到年轻时努力的自己。

1990年，我从浙江省诸暨师范毕业，被分配到家乡上虞县（现绍兴市上虞区）一所简陋的农村完小，那年我才18岁。30余年光阴转眼已逝。浮名之下，我个人专业学习和发展的经验与教训，或许有了可供参考的一代教师成长的样本意义。尤其是我32岁时入职绍兴市教育局教研室，成为小学语文教研员后，带教了一大批出色的年轻教师，在与他们相处的过程中，我对优秀教师的成长有了属于自己的一些思考与实践。

思维决定行动的方向。对于每一位立志成为优秀教师的老师，我强烈建议坚持学习的"长期主义"，随时吐故纳新，建立起匹配教育新时代的思维框架，帮助我们摆脱各种低层次的勤奋和努力。这同时也是给学生的最好的示范和榜样！

这本书中的文章，主要源于近几年的学习和思考。尤其是2020年疫情期间，在书斋中得以静心思考教师专业成长的各种问题。本书能得到"大夏书系"的关注和厚爱，恰是教师发展中"长期主义"和"慢变量"的作用的生动体现。

每一个优秀教师的成长，是诸多力量共同作用的结果。面对这个未来已来的时代，教师群体的专业化生存需要得到重新审视。这是教师发展转型升级、主动对接时代的第一步。

2019年新春，我撰写的《写给2019年教师的建议》曾经被许多媒体传播。在即将正式阅读本书之前，我推荐您先读读下面的相关内容，和我一起审视和勾勒我们教师的专业化生存的图景：

一、自由在高处

在低头忙碌奔波中，记得不忘努力抬头，记得不忘努力伸长脖子看书、看世界。如此，方能解开思维之锁，解开心灵之锁。

登高方能望远。学着拓展自己的认知边疆，学着跳出自己狭窄的生存环境，站在更高的维度去审视、理解我们的职业和自己的一生。

教师可能更需要有思维和心灵的自由。这样的自由首先来自你自己的登攀。因为自由在高处！

二、警惕优势反制

每个人都有自己的优势，这样的优势成就了现在的你。事实上我们大都已经习惯于享受着这样的优势，觉得眼前的一切理应如此。但世界远非如此简单。我们其实很清楚，有阳光就会有阴影。你的优势成就了你，但其实也制约了你另外的可能性。

所以，请警惕自己的优势！

警惕我们通过努力带来的优势成为我们继续前进的羁绊和囚笼。

面对复杂的世界，拥有这样双向的复杂性思维，会让我们多些谦卑，有时会让我们果断抛弃或刷新自己的存量，果断割掉自己越来越沉重的"生命长尾"。

如此，每一天我们会多一些黎明的感觉！

三、至少读透一本好书，直到它影响你的思维和思想

现在已不是几千年秩序稳定的农耕社会了。变化始终都在迅速展开。这样的变化让我们一方面享受着无比的便捷，另一方面也承受着无比的焦虑。我们害怕自己落伍，害怕自己错过，害怕自己不合时宜。

那就阅读，在阅读中寻找生命的坐标，寻找生命和志业的确认感。

无论世界如何变化，读书都应当是知识分子的基本生活方式。

成人的读书并不贵多。除了专业的藏家，拥有很多的书，现在已经不是件值得炫耀的事情了。我本人确认我有一半的书已经可以处理掉了。除了占据空间，它们已没有其他不可替代的存在价值。

生命有限，我们要和一些更好的东西打交道。一本专业的好书，首先源自业内的公认。反复读，读懂、读透一本好书，直到它影响到你的学术话语和专业思维。

它可能无法带给你直接的名利，但智力与思维跃升的愉悦，就是对虔诚学习者的最大奖赏。

四、拥有专注力，就是拥有这个世界的稀缺资源

无论是成人还是学生，专注力都是最重要的学习品质。我们读小学一年级的时候，教材中有两篇经典童话，一篇是《小猫钓鱼》，另一篇是《小猴子下山》。现在我们面对的诱惑已远多于故事中的小猫和小猴。我们现在三心二意的频率和速度也远非小猫和小猴可比。

人类创造了互联网，互联网也重塑了人类的思维和思想。便捷、游离和无边界已经成为我们的潜意识。可以说，专注力已经越来越成为这个时代的稀缺资源。

现实中的确有一些斜杠牛人，在很多领域都能左右逢源，把一个人生生活成了一支部队。但作为普通人，我还是相信术业有专攻。

专攻就需久久为功，把职业、事业和志业统一起来，在行业的细分领域

找到自己的值得努力的方向，扎根三五年，不断积累打磨自己专业的核心竞争力，逐渐形成个人的专业标识度。

其实考察所有的斜杠牛人，全都有从一个点起步的勤奋和艰辛。

用一辈子做一件普通的事情，努力把这件事情做到极致，做到无懈可击。这可能已经成为这个时代最稀缺的美德。

这样的专注力和行动力，换种说法，就是"匠人精神"。

老师需要有一点"匠人精神"！

五、好的想法要努力做出来

这几年，我一直学习明代大思想家王阳明先生的心学思想。特别是读了其追随者日本稻盛和夫先生的《活法》，更是体认到"知行合一"的要义。"一"即"一体"，故"知是行之始，行是知之终"。世人习惯于说多做少。按照王阳明先生的"知行合一"的思想，你所知道的如果无法做出来，那只能说明还是未知。

行动与认知，行动是第一位的。理论与实践，实践是第一位的。这对于教育领域流行的空头主义有着极强的纠偏作用。

在不确定中行动，在行动中去寻找确定性。中国的改革开放就是"摸着石头过河"的最好榜样！

很多专业上的思想与方法，如果方向是对的，就马上尝试。如果等你什么都想明白了再做，你将永远也不会去做。

所谓现场有神灵，就是指持续行动，静待从量变到质变。

六、学到的一切知识都需回到现场

你看到的知识并不是你学到的知识。你学到的知识并不是真正属于你的知识。

所有的知识，如果不解决你遭遇的问题，如果不和你的精神发生共振，如果不穿越你的生命，看似美丽，却将会迅速脱落。

所有的学习，都要赋予知识更多的意义。让知识回到现场，是实现知识转化和发展最重要的途径！

七、所有碎片化知识都可核聚成新的知识与意义

我们身处一个信息无穷丰富和杂乱的时代。每天读读微信，徜徉在碎片化知识的海洋上，我们会很舒适，但我们终将一事无成。

我们每一个人面对的世界说到尽头是一个整体，它具有更加完整的意义。由此我们可以看到，每一个遇到的最小的知识，都有它的背景和可以吸附的更多的知识。

学习的本质就是不断地寻找联系和融通。看似相关或者看似毫无关系的知识联系，会让知识衍生出新的知识，衍生出全新的意义。

八、一定要管理好自己的身体

从来没有脱离开身体的工作和学习存在。我们不仅为专业而来，更是为更好的自己而来。

如果你想更多地了解这些年来我对教师成长的思考，你可以继续往下读，我相信一定会有一些篇章能够和你的生命发生共鸣！

最后顺祝老师们在各自岗位上勇猛精进，事业有成！同时也感谢这个世界所有带给我生命启发、照亮我认知黑暗的人们！

莫国夫
2021 年 9 月 12 日

第一章

坚守教育的常识

成为教育常识的捍卫者

常识是本质的,也是简洁的。生活世界的复杂往往让我们忘却了常识的存在,以至于黑格尔认为:所谓常识,往往不过是时代的偏见。

一位有更高专业追求的老师,需要有一定的哲学思维。这能帮助拨开教育现实的迷雾和幻象,不断抵达教育的本质去思考"教育何为"。

在教育的本质之源,我们能见到教育常识的汇聚,比如"基础教育的本质是为人的一生发展打下基础"这样的常识。完整的教育才能塑造完整的人。

在我们行动的时候,需要经常想起这些朴素的道理与知识。它们不只是用来思考的形而上的概念,更应是行动的路标和边界。譬如分数很重要,但是只追求分数的教育就是残缺的教育。

苏格拉底说:未经审视的人生,是不值得一过的。我想在此套用一下:未经常识审视的教育生活,是缺乏专业尊严和体面的。

在一个众生喧哗、熙熙攘攘的教育的时代大超市里,拥抱教育常识,能让你良知清明,尽力远离躁郁迷茫和肆意多动的陷阱。

在我有限的认知里,教育者都需要迈越常识、技术和艺术这三级层阶。我们渴盼"教育是一种艺术"的境界,并以此来满足我们对于教育工作所有美好的想象。但请不要忘记,教育常识是其无处不在的背景,技术是教育骨骼般的支撑。认识不到这一点,所谓的教育艺术只是一场缺钙的虚无,是在冰冷教育现实面前自我满足的乌托邦。

无论在哪一个时代,教育常识都是需要时时提醒,不断温习和咬牙坚持的。

30余年的教育工作经历，让我在不断的思考和实践中，形成了对于教育常识的五个认知，供大家参考。

一、教育首先是科学，其次是艺术

这个观念源于被称为中国基础教育"活化石"的吕型伟先生，吕先生是出生于我们绍兴市新昌县的教育家，曾任上海教育学会的会长。他有三句广为传播的教育名言：教育是事业，事业的意义在于奉献；教育是科学，科学的意义在于求真；教育是艺术，艺术的意义在于创新。在教育领域，遵守科学和规律，是教育艺术的基础和保证。

我之所以要把这个问题放在第一个讲，是因为在我们的基础教育，特别是课堂领域，我们往往对"课堂教学艺术"趋之若鹜，而对其中的学理追问、科学实证则选择屏蔽和无视。特别是脑科学、认知科学、神经科学已经如此迅猛发展的当下，我们更要秉持教育的科学，不断寻找它的规律。

陈静静博士领衔的上海学习共同体研究院倡导的"焦点学生完整学习历程观察和关键事件分析"的课堂观察范式，就是教育的科学性思维的成功运用。观察者通过观察个体学生学习的全过程，收集与学习相关的完整证据，分析具体学生学习过程中的关键事件，形成学习行为解释的证据链，发现个体学生的困境与需求，以实证分析促进教师对教学行为的反思与重构。

我们从中可以发现，这与以往课堂讨论以观察者的经验为主导截然不同，因为讲究实证，讲究完整证据链解释，学生学习的"黑匣子"被进一步打开了。[1]

二、学校以课堂为中心，课堂以学习为中心

学习有两种：一是"有教之学"，我们可称之为"教学"；另一种是"无

---

[1] 陈静静. 学习共同体：走向深度学习[M]. 上海：华东师范大学出版社，2020.

教之学",我们可称之为"自学"。无论是"有教之学"还是"无教之学",其归结点都在于学生的学习。今天我们在课堂中的所有努力,其实最终都是为了让学生拥有强大的自我学习、自我迭代的能力。今天的课堂,我们的终极追求是培养未来自我驱动的、可持续的终身学习者。

事实上我们在一线的老师很清楚,这些常识常常遭遇蒙蔽。我想特别说明:课堂教学只有一个命题——那就是"学生如何学会更好"。再没有其他。

今天的各种课堂研究,其实都是在寻找"学生如何学会更好"的路径。这样的追求应当更加激烈、更加纯粹!

三、教育的目的不是课程,而是儿童

我的职业身份是小学语文的教研员。近年来,我越来越觉得学科教研员或是我们一线老师眼中的学科专家,往往有一种天然的冲动,认为自己的学科是最最重要的。对学科的忠诚非常可贵。这是我们做好学科教学工作的必要前提。但这样的思维惯性也会带来一些风险,比如我们在教学中往往会过多地关注本学科知识本身,而忘记学科教学的本质是"用学科育人"。我们还经常有意无意地高估本学科在育人系统中的作用。这样的例子有很多:语文学科专家把"得语文者得天下"这样的鸡血口号奉为圭臬;科学学科专家认为科学最重要,因为"科学推动人类进步";数学学科专家说数学最重要,因为"数学是人类思维的体操"……

在基础教育的课堂领域,这种对学科的过度忠诚,恰恰是对儿童的不负责任。学科专家和学科教师一定要有教育思维,看到教育的底部是儿童的全人发展。

我是语文教研员和语文特级教师,但我还是要说:语文学科再重要,也只是儿童认知和精神世界中的一块拼图而已。

一场好的课堂学习,我个人觉得从学理上看,无外乎三个维度。一是合适的教学内容,二是合适的教学路径,三是好的课堂文化。PCK(学科教学知识)是学科专家的专长,但包括我在内,我们太多的学科专家还远没有成为"学生学习的研究专家"。尤其是在课堂文化和学习生态的重塑上，我们的认知系统需要迭代升级。

我还想表达的是学科专家和教育学专家需要更多地对话，更多地以"儿童学习研究专家"的名义为一线的课堂改良把脉出方。

四、教师是依靠完整的人的形象工作的

教师作为专业人士，需要教学技艺的日益精进，需要"工匠精神"的坚持，但好的教学要依靠技术，又不能只凭技术。

美国教育家帕尔默在《教学勇气》中写道："最好的教学不能降格到技术层面，而来自于教师的自身认同与自身完整。"

这大概就是东方哲学中"术"与"道"的关系。好的教学，源于教师的内心景观。

若只把教学作为谋食生存的职业，教师的教学行为会严重地扭曲和偏离。我们更须警惕的是，随着时间的流逝，许多曾经具有教学勇气的老师激情消退、心灵失落。

教师是依靠一个人的完整形象工作的。这是区别于其他职业最大的不同。教师的精神气象会无一例外地投射到学生身上。

"桃李不言，下自成蹊。"好的教育必然来自好人。

五、教师优秀的专业水平是一种高尚的师德

当我们讨论高尚师德的时候，一定要把教师优秀的专业水平凸显出来。不要人为地把高尚的师德与优秀专业水平放在平行的两个维度。教育现场中，不乏老黄牛般勤勤恳恳"毁人不倦"的事件和场景。

优秀专业水平的核心标志就是不断追问和寻找"学生如何学会更好"。30余年的职业生涯，让我越来越强烈地感觉到：教师只有因学生学得更好才会有专业的尊严和体面。努力让学生接受公平而又高质量的教育，尤其在

课堂上让学生学习得更好,这就是我们一种高尚的师德。在当下的中国教育界,再也没有比这件事更迫切的了。

以上五点是个人对于教育常识的认知。之所以写出来,是为了和关心教育的同仁一起探讨:我们该如何做,才能让问题重重的一线教育变得更好?

为什么说教育似农业

如果在百业中找一个和教育最类似的行业，我觉得大概就是农业。对这个问题，其实叶圣陶在《吕叔湘先生说的比喻》一文中早有论及："最近听吕叔湘先生说了个比喻，他说教育的性质类似农业，而绝对不像工业。工业是把原料按照规定的工序，制造成为符合设计的产品。农业可不是这样。农业是把种子种到地里，给它充分的合适的条件，如水、阳光、空气、肥料等等，让它自己发芽生长，自己开花结果，来满足人们的需要。"

之所以起意写这篇小文，是因为我觉得二老关于"教育似农业"的观点还可以进一步地阐发和拓展；特别是对于当下，可能更具有警醒的价值。

老师与学生、农夫与作物之间的关系虽不能全部等同类比，却也有颇多相似之处。比如都要顺天应时，遵循生长的节律。

著名的"拔苗助长"虽是农事的反面典型，但用来形容教育中的急功近利行为却是最恰当不过的。不夸张地说，农夫那种对庄稼的焦虑性期待已经笼罩了时下的教育领域。

所谓的"剧场效应"就是一个具体的体现。当本应全人的教育异化为简单地以考试成绩论胜负的竞技场，教育的焦虑就会蔓延成时代的焦虑与隐忧。农夫的"拔苗助长"最后成为了人类罔顾规律、好走"捷径"、自以为是、好心办坏事的经典隐喻。在传承人类文明、为学生生命发展奠基的教育领域，我们有多少人在其中兜兜转转，终至迷失？！

教育本应是缓慢而安静的，恰如作物的正常生长。教育不应该追求工业化时代的大干快上、批量生产、超荷运转，更不应该追求互联网时代的速度为王、便捷为王。当如佐藤学先生所言：教育的变革应该是"静悄悄的革命"。

教育是有节奏的，当在合适的时间做合适的事情，恰如农夫的播种、浇水、施肥、除草、杀虫和收割。

明代大思想家王阳明在论述人的成长节律与要义时，也以作物的成长作类比应答。其在《传习录》中言：立志用功，如种树然。方其根芽，犹未有干；及其有干，尚未有枝。枝而后叶，叶而后花、实。初种根时，只管栽培灌溉，勿作枝想，勿作叶想，勿作花想，勿作实想。悬想何益？但不忘栽培之功，怕没有枝叶花实？

把阳明先生的论述引申到当下教育，我们就能体会到孩童之学恰如农事，首在播种、培根。种子良善，根红苗正。少些妄念，只管顺天应时栽培用功，自有善果。

教育似农业，还在于教师和农夫的工作都需要扎根现场，农夫扎根土地和田野，教师扎根教室和课堂，最需要的是日不间断的劳作和对现场的热爱！学生的心灵恰如土地，不长庄稼，一定会长荒草。

说教育似农业，还在于教师与农夫极其神似。

我来自农村，每个村庄里都有少数地种得特别好的。比如我的父亲，早过古稀之年，依然天天和他的土地打交道，地里的作物常被人夸。2020年秋天，妻子惊叹于土地如此丰厚的馈赠，还专门发了一个朋友圈，九宫格都装不下我父亲地里的各色作物。

无疑父亲是有经验的资深农民。这有点类似于我们教师队伍中的名优资深教师。大家都拥有丰富的实践经验，都有属于自己的经验性话语系统。种庄稼的能手用自己经验性的语言阐述庄稼生长与养护土地的道道。名优教师则用经验性的语言阐述课堂教学、学生的成长，以及各种教育的发生。

但我父亲不是袁隆平，他只能从经验到经验，相信勤劳，相信别的老农已经实践过的经验。他无法像袁隆平们那样用专业力量去实验，去发现，去改进。同样是面对土地，面对作物，自然无法企及袁隆平们带来的农业贡献。

个体的经验非常宝贵！作为农业专家的袁隆平们的成功，其中肯定也有老农们经验的贡献。但是经验没有经过专业的梳理和审视，往往粗糙而凌乱，甚至是泥沙俱下的。名优教师因个体的巨大差异，其经验更是内隐的、个人化的。

正如教育专家魏智渊先生所言：名师经验很有价值，但怎样看待名师经验，则一直没有被仔细考虑过。要把名师经验中的合理部分与非本质甚至存在谬误的部分分离开来，本身就需要很强的专业性（即所谓专业清理）。教育圈内，少见名师经验成功地进行大面积迁移运用。这一方面与教育情境的差异有关，另一方面可能也与我们缺少对名师经验的专业审视、清理、归纳有关。

无论是教育还是农业，我们都需要一个更加专业的框架。在专业话语体系的引领下，加之个人的天赋、勤奋和机遇，才能造就更多更大的价值。

人生充满劳绩，教育和农业都是大地上最朴素也最重要的事情。虽然教育和农业并非完全可以类比，但以农业为参照，起码给我们打开了审视、理解教育的全新视角。

没有一段生命应该为未来牺牲

父母和老师,都希望自己的孩子和学生将来出人头地,幸福生活。对于学生当下正在经历的学习生活,我们一贯推崇的是现在吃苦,将来幸福。这从流传至今的诸如"悬梁刺股"等励志成语故事中可见一斑。一些地方甚至把"教师苦教,学生苦学"作为先进经验进行广泛的传播。

我们总以为"吃得苦中苦,方为人上人""梅花香自苦寒来"。当下的"苦"与未来的"美好"总是被我们一厢情愿地天然统一。

甚至还有更为夸张的表述:"鞭子本姓竹,不打书不读";"只要学不死,就往死里学"。

这样的"苦"字当头的教育逻辑在当下明里暗里都有大量的拥众。无论是"虎爸虎妈"式的教育,还是著名的××中学模式,差不多遵循的就是这样的路数。

成人世界对于学生的层层加码,有时已经达到骇人听闻的地步。

现在与未来的人生幸福的关系大概有四种排列组合:现在幸福,将来也幸福;现在不幸福,将来幸福;现在幸福,将来不幸福;现在不幸福,将来也不幸福。

我们教育学生时几乎都选择了第二种思维方式:现在不幸福,将来幸福。

为什么不能让学生现在幸福将来也幸福呢?为什么现在不幸福将来一定会幸福呢?

在我看来,人生的每一段生命经历,都弥足珍贵。每一段生命都应该认真、仔细地幸福度过。从来不应该有哪一段生命应该为所谓的未来牺牲。

人生有诸多不可测。作为成年人，我们都应知道对于具体的个体来说，未来可能还代表着虚无和不可预测。

能在平凡处、细微处感受到生命的价值和意义，是人真正高贵的素养。学习不能唯分数，对于学习本身的好奇和热爱，远远超越分数和奖杯。

感受生而为人的幸福是人生的关键能力。这样的能力并不与生俱来，它一样需要成人的言传身教和一以贯之的温和坚持。

幸福感需要学习。父母或者老师如果不幸福、不快乐，学生的幸福和快乐就难以保障。

人生是一个黑箱，有着太多不为人知的秘密。但我们大致知道，一个学生在孩童时代、学生时代有更多的幸福感受，未来的人格就会更健全，心态会更阳光。这样的学生未必有很高的专业成就，但大概率会是一个完整的、幸福的人。

每次在媒体上看到一些精英的犯罪和自杀，我们都会痛惜不已。作为成人世界的一员，父母和老师都需要思考应该给学生怎样的教育，才能让他有可能抵抗未来生活的风雨。

获得高分和未来的专业成就不应该成为一个人生命意义的全部。作为儿童成长的帮助者，我们更需要让学生确立对于生命的幸福感，对于生命意义有更完整的感受。这应当成为我们面对学生的教育哲学。

德国著名文学家赫尔曼·黑塞曾经写下这样的诗句："人生的义务，并无其他。仅有的义务就是幸福，我们都是为幸福而来。"

常看到学生高考结束便疯狂地撕书庆祝，以及学生进入大学沉迷游戏、放纵、迷茫的报道。我们习惯地认为幸福总在成功之后，所以我们要不顾一切先追求成功，甚至不惜以伤害身体和心理作为代价。但越来越多的事实让我们看到，没有身心的健康，缺乏发现学习和生活真正意义的敏感，纵然有短暂的人生高光时刻，但总会烟花落尽，留下的只是胜利的虚空。

19世纪日本教育家、思想家福泽谕吉在其《劝学篇》第一篇的开头有一句话：教育是为人类预备的，也即是为"人中之人"的身心发展而预备的。

学习和成长必然需要付出刻苦。但请成人世界不要模糊了刻苦和痛苦的界限。正如古希腊学者普罗塔戈所言：头脑不是一个要被填满的容器，而是一束需要被点燃的火把。我们期待看到的学生的刻苦是一种因为渴望产生的内心自觉，是基于目标认同与热爱的持续努力。这样的刻苦，学生的内心景观是相对完整的。一次小小的成功反馈，都能让他感受到努力带来的幸福与意义。

学习要适度刻苦、科学刻苦，绝不能是痛苦的承压。幸福的学生时代不意味着没有困难、压力和挫折，但只有痛苦、压抑和挫败的学生时代，一定会成为漫长人生挥之不去的阴影。

没有当下的幸福感，我们可能会缺失未来驾驭幸福的力量。生命不可重复。除了文化课的学习，学生宝贵的生命还有其他的事情不可辜负。

没有一段生命应该为未来牺牲！

以可能性看待儿童成长

我有时想，如果站在生命的终端回望自己的人生，我们很多人可能早已偏离了童年时自己的理想，以及父母和老师最初为自己预想的轨道。在这样的云波诡谲、变化莫测的人生大戏中，学校和社会最应当为学生做些怎样的准备？这是每一个对童年有协助能力的大人都需要认真思考的问题。

这样的审视和反思，也是教育的常识之问。

曾经看到过一幅漫画，画的是一群小朋友排着队进入学校，进去之前每个脑袋都不一样，出来之后所有脑袋都变成了一个形状。这是对应试至上教育的讽刺！

儿童的成长是一种可能性的成长。康德认定："人是一个有限的理性存在，但有无限的可能性。"所谓可能性，就是"还没有"，就是"有可能发生"。

2014年，哈佛大学心理学系朗格教授开创了一个全新的心理学研究领域：可能性心理学。她的研究不是描述普遍的真相，而是积极寻找个别的可能性，积极寻找差异，让一个个鲜活具体的"人"凸显了出来，让个体生命的差异凸显了出来。

寻找"可能性"，需要心中有儿童，透过儿童的"现实性"去发现。

按照国家督学成尚荣先生的说法，儿童的可能性意味着教育者需要明晰以下几个维度：

一是儿童还没有成熟。因为未成熟，所以会发生问题，有缺点、有错误是正常的；正因为还没有成熟，所以存有巨大的潜能。教育就是要开发这种潜能，让他们在成熟的过程中释放能量，又积蓄新的能量。

二是儿童还没有确定。教师对儿童的评判亟须谨慎，有时需要耐心等待。卡夫卡说，人最大的罪是缺乏耐心。

三是儿童还没有完成。完成是个过程，教育不能停止自己的脚步，在儿童发展的一个个阶段，完成一个个任务，促使他们一步步逼近一个个目标，又在他们面前竖起新目标。

我十分认同英国哲学家怀特海在其名著《教育的目的》中就"教育节奏"的论述：智力发展各阶段的侧重不同，主要特质不同，浪漫，精确，综合，自始至终存在着。但是占主导地位的阶段交替出现，正是这种交替构成了各个循环周期。

从人生的阶段来看，童年就是人一生的浪漫期。童年是人生可能性的温床，恰如土壤对于种子。可能性意味着更多尺度、更多方式的播种与发芽。

教育像农业，它不是传统流水线上的工业，更不是现代的信息产业。"复制"和"速度"会让我们失去教育该有的自然从容的节奏，过度的耕耘和索取只会让童年的土壤板结和贫瘠。

当知识被不断压缩，当学习的历程被不断提速，学生的大脑就会因为没有充分的过程体验而失去重塑的机会。

当教育成为社会阶层继承和突破的"军火"，当所谓的"不输在起跑线上"在家庭中达成越来越多的共识，教育的规律就被遮蔽了。教育的丰富和生动就被压缩成了分数和升学。人们从未如此焦虑。"剧场效应"四处可见，因为不断地在学生的学习上抢跑，我们将失去的是一代代儿童的成长节奏。

作为有理性精神和教育学素养的教师，我们必然要坚守儿童教育的常识，义无反顾地成为童年坚定的守护者。

而学校，必然要成为社会正确教育价值观的输出地，必然要为保护学校所有儿童丰富的可能性提供课程和道义的支持！

今天，我们需要怎样的教育

柏拉图说：世上的万事万物转瞬即逝，唯有事物的本源——理念，才是完美的永恒存在。教育的核心理念是让每一个学生有能力成为幸福的人。牢记这一点，有助于缓解我们当下的焦虑和迷茫。牢记这一点，有助于我们让理念照进现实，转化为行动的指南。

一、让学生不断成功

我们都清楚生命多艰，世事不如意常八九。按照应试的价值观，在冰冷的排名与残酷的淘汰中，学生失败的学习体验会远大于成功的体验。如果以升学而论，绝大多数最后的终点就是失败。

科学家已经证明，失败会重构龙虾的大脑，以适应卑微的处境。龙虾大脑里有两种调节神经的化学物质：血清素和章鱼胺。胜利的龙虾会分泌更多的血清素，更少的章鱼胺；失败的龙虾正好相反，会分泌更多的章鱼胺。如果给失败的龙虾额外打一些血清素，它就会有勇气再次挑战之前的胜利者。

研究表明，人类和龙虾的失败者不光行为和体验上相似，生理过程也基本一致。一个人失败了，大脑的监测机制也会调节血清素。

学习的体验更是如此。考察每一个学困生的产生，都是一次又一次的失败累积而成。最后就会像斗败的龙虾，形成学习失败者的自我认知，并通过外在社会关系的作用，终致学习阶层固化。

成年人总希望学生越挫越勇，牢记"失败是成功之母"。但这样的坚韧连你我都难以做到。

对于学生的学习来说,我们更要记住的是"小成功是大成功之母"。对于一个饱尝失败的学困生来说,因为微弱的进步而得到的表扬与肯定,比外部的辅导与补课能量巨大得多。这类夸大的肯定,恰如给失败者的学习世界注入了"血清素"。考察所有学习逆袭者之路,我们都可以看到教师这方面的独特贡献。

斯坦纳说:所有的教育都是自我教育。好的教育都是直指心灵的内源性学习。能救学生的,的确只有学生自己。

我非常喜欢泰戈尔的这句诗:不是锤的击打,而是水的日复一日轻柔的打磨,让鹅卵石臻于完美。

潜滋暗长,润物无声。教育需要这样轻柔打磨的力度。

二、为了学生的完整发展

考试分数是知识与智力成长的一种测量方式。但分数如果不为了每一个学生更好地成长,只是为了成人世界的炫耀,那这样的教育是需要警惕的。

对于文化学科的学习,我们可能在关注升学的同时,还要多一个维度进行更复杂的思考。

诚如国际著名教育学者、日本前教育学会会长佐藤学先生在第四届中国教育创新成果公益博览会上接受访谈时所言:我们已经处在第四次工业革命的进程之中,15年后,大约一半的现有的职业可能都没有了。现在老师教的知识,学生在手机上马上就能学到,英语自动翻译也正在实现。在这样的时代教育我们的学生,我们必须去思考,什么样的英语教育、语文教育和数学教育才是被需要的……

这一点,我们在国家层面其实已经行动了。我仔细地研读过《中国学生发展核心素养》,三个方面、六个维度、十八个点的架构,没有一个点与某一学科有显性关联,也没有一个点与任一学科没有关联。所有的学科教师必须重新思考自己的角色定位:我不是教某门课程的,而是用某门课程育人的。

今天我们需要牢记：课程不是目的，学生才是。

再重要的学科，在学生的认知和精神发育的版图中，其实只是一块拼图而已。

如此，我们的教育教学才是真正在回应国家和时代的要求。

如此，我们才会意识到学科的局限，才会主动摈弃"荒了自家的园，肥了人家的田"这样的学科沙文主义。当学科跨界、项目学习来临时，我们要看到这是学习在真正回应生活。生活和世界，从来都是复杂而一体的。

我们要让儿童感到所学的真正意义，不仅能够在真实的情境中发挥其作用，而且学习的过程是有趣的、有情感的。

只有经历过这样高质量的深度学习的学生，才能感受到学习带来的幸福，才能对未来的社会更有用。

教育需要面向未来的理性奠基。

三、为学生的幸福准备

每一段生命都有每一段生命的使命，但感受生而为人的真实幸福应当贯穿人的一生。没有这一意义的坚持，教育就是一盘散沙，就难以构筑学生的精神之塔。

我十分认同新教育实验的核心理念：帮助师生过一种幸福完整的教育生活。

幸福完整的教育生活，这应当成为天下教师心向往之的精神面向。身体与心灵一体，身体所在，即心灵所在，这是一种生命高质量的追求。保持对这样的理想的向往，能让我们更好地成为学生的幸福榜样。

正如一位专家所言：幸福与世俗的成功，幸福在前！人人都可以获得幸福，但不是每个人都可以获得世俗意义上的功成名就。

这样的幸福能力不是"傻白甜"，而是源自内心的强大，强大到足以应对人生的丛林。

历史上曾经有过许多忽视个体幸福甚至践踏个体幸福的岁月。让每个人更加自由、幸福地生活必然是人类社会的发展方向。

教育就是要为让学生感知幸福和制造幸福的真实能力做准备。没有幸福为底色，人生的意义终会归于暗淡与虚无。

今天的教育迫切需要教师成为榜样，特别是热爱生活、幸福生活的榜样！

网络时代的教育重塑

这是一个前所未有的网络时代。我们一边享受着其中的迅捷和丰富，一边也被互联网塑造与改变。这样的塑造不仅关乎我们的身体与行为，往深处说，我们的思想和思维方式也都面临着转型与升级。

有人把互联网时代的到来，比作西方的文艺复兴。文艺复兴掀起了西方社会的思想大解放运动，而互联网给人们、给社会带来的更是革命性的变化。

对于一名教师来说，互联网的到来，不仅带来工作工具和工作场景的变化，更带来教育价值的刷新与重塑。

农耕社会教育的价值在于经验的复制和传递。教师工作就如一位老手艺人带徒，教育的知识更替极其缓慢，很多甚至是千年不变的经验。在前工业社会，教育的价值在于批量培养标准件式的技术工人。

面对迭代加速的社会变化，我们每个人都被裹挟其中。作为教师，我们都需思考怎样的教育能够帮助学生应对不可预测的未来。

人工智能、脑机接口、量子计算……我们唯一可以确定的是，人类未来的生存图景一定会超越我们的想象。

在知识稀缺的时代，400年前培根的经典名言"知识就是力量"影响了一代又一代人。但互联网的到来，让知识的生产、传播和获取已经转换了新的赛道。知识不再是高高在上，海量的知识正在迅速地沉没与迭代。

记忆、复制知识的教育价值正在变得越来越小。面向未来，我们已经清晰地知道，今天的学生更需要好奇心和学习力，更需要协同与自主创新的意识，更需要有把信息转为知识、把知识转为智慧的能力。

未来的世界，问题和挑战一定会更加层出不穷。对学生一生的成长来说，学校和课堂是他们犯错成本最低的地方。看到这点，我们可能就会知道有比记住教科书知识更重要的东西，就会知道今天的学校和课堂该为他们准备什么。

从另一个维度讲，学生长大总要走上社会。作为教师，要记得我们身处的这个世界就是学生成长中最深刻的教科书。比如新冠疫情，对于每一个成长中的学生来说，置身其中引发的体验与认知，都可视为认识世界、理解社会、反思自己的学习契机。

作为专业人士的教师，面对时代的大挑战，更需同频提升自己的专业能量。

教师工作的基础是热爱学生，对教育使命有内心认同。这是亘古未变的从业基础。因为热爱，所以生命可以彼此影响、相互成就，这是教育的美好境界。

但教育毕竟是高度复杂的专业工作。一线教育现场教师的"爱无力"现象常常令人遗憾。与农耕社会与前工业化时代相比，当下的代沟年限已被急剧地缩短。现在的学生是网络时代的原住民，面对被网络文化深度雕刻的学生世界，我们很多教师手中握着的依然是过去的"一张旧船票"。当教师无法了解学生在课堂外还在关心什么，就意味着教师难以走进学生的内心世界。

每一次科技进化的趋势最后都会作用于教育内部。互联网对于教育的影响首先在教育的技术领域，但我们不得不承认，最终影响到我们的，必然是思维和思想。

面对已经到来的网络化、数字化大潮，我们需要正视、拥抱其对教育的深刻影响，主动升级自己的认知系统和话语系统，重塑自己的教育工作场景。

与其被动改变，不如主动进化。

教育需要真实的守望

某电视台曾邀请两位知名的教育专家到一个栏目接受专访,最后主持人请他们用一句话总结自己的观点。其中一位说"在下一个路口等待学生"。此话可谓一言道破了教育的真谛——教育是期待的过程,更是守望的艺术。

一位老师上一堂《给动物找家》的小学口语交际课。一个学生上来摆放图片,她把小鸡放在草地上,把小牛放在树下,而把小松鼠放在河里,这时全班小朋友都大笑起来。老师制止了大家,说:"大家先不要笑,咱们先听听这位同学这样放的理由好吗?我相信他肯定有他的道理。"学生讲道:"一天天气很热,小松鼠在树上玩得满头大汗,它实在受不了了,就跑到岸边想喝口水。一看,小鸭子在水里游得多开心呀,小松鼠也就'扑通'一声跳下水去,没想到自己不会游泳。这时小鸭子看见了,连忙大叫:'快来救呀,快来救呀,小松鼠落水了。'小牛正在树下休息,一听马上跑过去救小松鼠。"

儿童的思维远比成人灵动。这样的自圆其说,不正是我们语文课一直期待的独特表达吗?

"我相信他肯定有他的道理。"简简单单的一句话,给了学生信任和期待,学生的灵性在老师的期待中闪光了。往深处想,这位老师向我们展现了一个朴素的教育常识:学生的理解是他理解的世界。课堂中学生表达的模糊和零碎之处,正是真实学习的发生的起端。

但有时候,学校教育成了无情的擂台,成了庄严的法庭。擂台尚能下次再来,法庭尚能给予上诉的权利,而以完善人为宗旨的教育却总是挥舞最终裁定的大棒。

记得著名特级教师于永正先生曾在课堂让一位学困生朗读课文，学生把一句话读错了。于老师一连让她读了几遍，都没读正确。学生失去了信心，想坐下。此时于老师说："你深吸一口气，放松放松，然后一字一字地在心里把这句话默读一遍，这次准能读好。"学生获得了成功，于老师和全班同学一起为她鼓掌，掌声把那位学生的眼泪都激了出来。

这大概就是教育最美好、最动人的时刻了。我们期待课堂中能多一些这样的场景：这个地方你再读上一遍，老师相信你一定会有新的感受和发现；不要着急，慢慢来，请你再想一想，老师相信这个问题你一定能够自己解决；你前面说得很好，再想一想，继续往下说；没关系，你坐下去想想，听听其他同学怎么说；我们讨论一下这个问题怎么看比较全面……

这样的教师言行，无疑是给学生的最深沉的爱和守望。我们特别需要警惕课堂中为了所谓的完成教学内容，赶上教学进度，在学生陷入迷思和困顿时，以教师的自问自答代替学生的思维，以个体学生的思维代替全班学生的思维的现象。

千万不要以为教过就等于学会。在课堂学习历程被高度压缩，课堂学习进度被不断拉快的当下，我们迫切需要课堂能够缓下来，需要学习过程的充分与饱满。这样的课堂，学生会更安全，学生会"五官苏醒"。

文学名著《麦田守望者》给教育世界贡献了一个关键的词汇：守望。在控制与放任之间，有一种美好而润泽的状态，那就是守望。守望成长，守望真善美，守望文明在学生身上的传递与创生。

我们这群人，是教师，本质上更应是学生成长的守望人。在一个合适的距离，给学生合适的"脚手架"，让学生学习如何不断前行，抵达下一个路口，直至目送他们渐行渐远。

教育细节也需要真实

细节，按字面理解：细者，小也；节者，单位或要点也。《汉语大词典》释为"细小的环节和情节"。一堂课教学枝节纷繁，一有不慎，便容易出现偏差。尤其是教学修为较弱的老师，虽然记住了许多教育的正确理念，但往往会在课堂细节处显出自己的教学无力感。

比如"尊重学生"这一基本的教育学理念在课堂中的落实。我每次到教室听老师上课，发现老师们都是那么的温和亲切。课堂中难免有被老师发现开小差、做小动作的学生，但我几乎没遇到过大声、简单地呵斥、批评学生的情形。我很清楚很大因素是教室里有我这个客人在场。但就是在这样的相对修饰过的和谐之中，我还是经常从许多教学的细节中，真实地感受到上课老师对于"尊重学生"理念落实的虚浮。

一次我听一位语文老师给低年级的学生上一堂《小雨点》的公开课。老师满面春风，衣服的下襟上贴满了蓝色的"小雨点"，非常漂亮。这既符合文义，又可作为对学生优秀表现的奖励。我很清楚老师为了上好这堂课的用心，单制作这些美丽的"小雨点"就需要花费老师的很多时间。当然我也有担心，这样的教学处理可能会影响学生学习的专注力。

随着课的进行，一些活跃的学生额头上开始贴上了"小雨点"。老师转身时，"小雨点"掉了一个，旁边的学生很懂事地捡起来交给老师。老师接了过来，又贴在了自己身上，继续自己的教学，对学生的这一行为一言未发。这位学生额头上还没有"小雨点"，我很清楚，他是多么渴望拥有"小雨点"。过了一会儿，老师身上的"小雨点"又掉了一个，恰巧被老师自己踩了一下,又有一个学生认真地捡起来,交给老师。"不要了。"面对老师不经意的一句话,学生有些犹豫地将手中的"小雨点"放到了自己的桌上。

另一次听一位语文老师借班执教《黄山奇石》,这堂课可圈可点。课快结束的时候,老师笑眯眯地问学生:"那你们想去黄山玩吗?"学生说"想"。老师说:"那你们下次去的时候一定不要忘记叫上我。"

成人世界都清楚,这是人际交往的"套路"。但儿童世界却真实而纯粹,一个角落里的学生站起来问老师:"那您住在哪里啊?我怎么联系您呢?"本来老师是想最后和学生套套近乎,然后圆满结课,没想到的是学生是很认真的,老师一下子竟然有些不知所措。课后和这位老师交流了看法,用这位老师的话来说,当时是脑子突然一片空白,不知该说什么好。

一次和一位编辑老师聊天,他说到一个课堂中的小插曲,让我记忆至今:

一位小学数学的名师执教一堂大型的公开课,他请一位学生到黑板上计算,这位学生凑近老师轻声问:老师,您是要我算错还是算对?

学生此类令人细思极恐的懂事和乖巧,让我想起过去的年代曾经有多少公开课被同一班学生事先预演。成人世界以为掩藏很深的功利之欲怎能不影响学生稚嫩的心灵!

教育说到底是对人的塑造。作为成人世界中的一员,我们每一位老师可能都需要谨记这样的教育常识:千教万教教人求真。无论你身处怎样的环境和舞台上课,只有真实才具有教育真正的力量。

王阳明先生说:知是行之始,行是知之终。知道理念相对简单,但践行却需事事着力,磨炼体认。课堂之事成于细。教师的一言一行都是内心景观的投射。你以为烂熟于心的理念,如果不能在具体的细节呈现出来,那只能说明专业能力还需要不断地学习和打磨。

微笑是成人世界对学生最好的示范

因为工作原因,我有时会作为评委,参与一些教师招考和教师专业工作的评比工作。除了专业能力的审视,我个人一直把教师呈现出来的形象、神态作为一个十分重要的考量。简单地说,当我打分时,我会追问自己两个问题:这个人像个老师吗?他(她)能让学生们喜欢吗?

一个会微笑的老师让我更加相信他(她)未来会是一个幸福阳光的老师,是一个会把这种幸福感受传递给学生的老师。

微笑是一种积极的心理状态。微笑不是一种技术,而是一种心境,一种处世态度。

沃尔玛公司创立者沃尔顿有一句名言:"请对顾客露出你的八颗牙。"在沃尔顿看来,微笑服务,只有微笑到露出八颗牙的程度,才可以把热情表现得完美。

教育工作不会直接产生经济效益,但事实上教育工作更需要微笑。

在校园里,课堂上,每个学生都喜欢会微笑的老师。老师的微笑直接影响学生的校园生活质量,影响到学生对学习、对事物、对他人乃至对人生的态度。

古人云:严师出高徒。特别需说明的是,此处的"师"须是优师、名师。庸碌之师的"严",是十分让人担心的,有时甚至是让人扼腕心痛的。

教育现场特别要警惕言语和姿态的"冷暴力"。"严",关键在有格,要体现对"规则"、对"规律"的遵循。"严"绝不是姿态的冷若冰霜,拒人千里。

师者应多些宽容、悲悯之心。在和学生交往中，不妨多笑一笑。学生是我们这个世界的未来主人，我们需存些亲近与敬畏之心。

亲近是因为缘分：有一群学生和你相互陪伴，一起经历学校生活，嵌入你最宝贵的生命时光。

敬畏是因为教师是学生成长的重要他人。教师的言行会对儿童的未来产生重大的影响。苏联著名的教育家马卡连科有一句名言："用放大镜看学生的优点，用缩小镜看学生的缺点。"面对儿童的犯错，我们需要多追问原因，多寻找解释，在倾听对话中完成教育。

任何人都是在错误中不断成长的。教育的根本目的是激发和引导学生走上自我发展、自我完善之路。

我们要努力做学生成长中的贵人。师者的微笑就是对儿童人生最重要的加持。

教师的微笑不能只停留于是一种工作礼仪的认知。真正基于专业的教育工作，应当有对教育和儿童的完整理解和完整悦纳。古人说"相由心生"。内心充满从容与悲悯，必然会身姿柔和，面慈目善，其微笑必不是机械的，更不会是虚伪的。

有老师和我说：我天生不喜欢微笑，那怎么办？我想说的是，那是你原始的"本我"。教师的专业身份需要"超我"，需要你拥有更能匹配这份职业的能力。教师的职业还要求不能把个人的烦恼挂在脸上进入课堂。教师要学习做调节自己情绪的心理医生。

就课堂学习来说，微笑是教师重要的教学语言。我们可以发现，在刻板严厉的课堂中，往往会有更多长时间正襟危坐的学生。这些"乖学生"往往身姿僵硬，他们看似听话，其实并没有被学习真正吸引。作为负责任的教师，要警惕这样的虚假学习。

微笑在课堂中最直接的价值在于让学生有学习的安全感。学生的兴趣和求知欲会在开放、安全的课堂氛围中不断生发，思维会在教师微笑的鼓励下不断地发生冲刺，学生的"学习五官"就有机会得到苏醒和绽放。

教师是使他人和自己都会变得更加美好的职业。我们经常说要把自己塑造成自己童年所期望的老师的样子。我想会微笑的老师一定是你我童年中理想的老师。以前读到一个学生写老师微笑的句子："看到老师的笑容，我好像闻到了阳光喷香的味道。"

在学生离开家庭和父母，进入学校这一更大的人生舞台时，作为师者，我们需要认真思考应当用怎样的姿态去迎接和塑造他们。如果说这样的姿态只有一种，那我认为就是面带微笑。

学会微笑，是成人世界对学生最好的示范。

现实总有不堪。教师沉重的工作与生活压力、学生沉重的课业与成绩压力让我们步履维艰。但纵然如此，也请记住冷漠与隔阂不应该出现在师生关系之中。柔和、温暖、润泽应当是师生关系的基本底色。

"天下之至柔，驰骋天下之至坚"，这是微笑柔韧的力量。

如果我们期望每一位学生都能微笑面对不可预测的人生，那就先从我们成人开始，从学校和课堂生活开始。

相信阅读的力量

我在网上浏览时看到过一张照片:一个被炮弹轰炸后的图书馆,三个头戴礼帽的男子站在图书馆废墟之上,专注地在未倒塌的书架前寻觅着自己想看的书,神情专注而安定。我没有去查证过这张照片的真伪,但这张照片让博尔赫斯的名句瞬间划过我思想的天空——阅读,就是天使。如果有天堂,天堂就是图书馆的模样。

2019年,语文统编教材已经在全国全面使用,我们可以在教材中发现国家已经把学生的课外阅读提升到了前所未有的高度。我们每个人都有阅读的经历,但阅读究竟能够给一个人的生命带来什么?我整理出这篇2016年在一场全国会议上的演讲稿,冀望老师们能基于学生的终身发展,对儿童阅读有更全面的认知和更宽广的学术视野,而不是仅仅局限于语文学科。

一、阅读关乎人的精神发育与成长

朱永新先生有一句名言:一个人的阅读史就是一个人的精神发育史。一个童年读了大量的、高品位书籍的学生,他未来大概率地会成为一个善良、正直、阳光的学生。这是因为优秀的书籍,特别是文学类的书籍,所呈现的一定是人类主流的价值取向,一定能熏陶学生求善向美。

我读过儿童文学名著《德国,一群老鼠的童话》,作者是德国的维里·费尔曼。这本书讲述的是在一个大宅院中有一大群灰色的老鼠,老鼠的"大首领"把其中的"另类"小白鼠莉莉关进了图书馆,但莉莉却在寂寞与饥饿中学会了阅读。有一次，莉莉遇到了好朋友弗里德里克。两人有一段关于阅读的精彩对话：

"阅读？什么是阅读？"弗里德里克茫然地问道，"是不是什么可以吃的东西？"

"不，不，"莉莉笑着回答，"阅读嘛，就好比飞翔，从我们厨房内飞出去，飞到园子里的大树高头，往前飞，往前飞，飞过陌生的国度，飞过遥远的世界。"

"怎么样飞翔呢，莉莉？"弗里德里克惊愕地问，"难道你能像厨娘故事中的飞鱼那样，真正地飞到空中去吗？或者像蝙蝠那样灵活地飞来飞去？那你就一定能飞到我们老鼠的天空，去品尝美味的香肠和火腿啦！"

"不是这样的，我亲爱的朋友！阅读嘛，就像扬帆远航，从园子后面的溪流出发，航行啊航行啊，冲过惊涛骇浪，驶向无边的海洋。"

"阅读，就是用另一双眼睛看世界。"

"从每一个故事中，你都可以找到一段自我，你可以学会怎样更好地认识自己。"

这只叫作莉莉的老鼠后来能从一数到一千，最后还拯救了整个鼠群。作者维里·费尔曼借莉莉之口，向我们道出了阅读对于人类最重要的秘密——那就是自我的精神成长。

伟大的教育家苏霍姆林斯基在《给教师的建议》100篇文章中，就有38篇是关于学生阅读教育的论述。他在《思考之室——我们的阅览室》一文中写道：

"真正的阅读能够吸引住学生的理智和心灵，激起他对时间和自己的深思，迫使他认识自己和思考自己的未来。没有这样的阅读，一个人就会受到精神空虚的威胁。"

"如果一个人走出校门后不知阅读为何物，或者只局限于看那些侦探小说，那么他的精神世界就是粗鲁的，他就会到那些毫无人性的地方去寻找刺激性的享受。"

"自我教育是从读一本好书开始的。"

二、阅读能开阔人的知识视野

上至天文地理，下至花鸟虫鱼，古今中外，科学人文，通过阅读我们可以更加清晰、完整地了解和思考世界，让自己抵达一切我们肉身无法抵达的地方。

阅读能让我们的生命多一种自由的可能。这样的自由，成本很低，却有高贵的光芒。

人类的文明火种也因为阅读而得以传递。

三、阅读能开启人的聪明智慧

美国著名阅读专家吉姆·崔利斯的《朗读手册》把阅读的这一功能归纳为两个公式：

"你读得越多，理解力越好；理解力越好，就越喜欢读，就读得越多。"

"你读得越多，你知道得越多；你知道得越多，你就越聪明。"

苏霍姆林斯基在帕夫雷什中学的长期实践中，对阅读与智力的问题更是有着透彻的认识。翻阅他的《给教师的建议》，这样一些观点值得我们深思：

"30 年的经验使我深信，学生的智力发展取决于良好的阅读能力。"

"缺乏阅读能力，将会阻碍和抑制脑的极其细微的连接性纤维的可塑性，使它们不能顺利地保证神经元之间的联系。谁不善阅读，他就不善于思考。"

"为什么有些学生在童年时期聪明伶俐、理解力强、勤奋好问，而到了少年时期，却变得智力下降，对知识的态度冷淡，头脑不灵活了呢？就是因为他们不会阅读！"

"有些学生在家庭作业上下的功夫并不大，但他们的学业成绩却不差。这种现象的原因，并不完全在于这些学生有过人的才能。这常常是因为他们有较好的阅读能力。而好的阅读能力又反过来促进智力才能的发展。"

"凡是那些除了教科书什么也不阅读的学生，他们在课堂上掌握的知识就非常肤浅，并且把全部负担都转移到家庭作业上去。由于家庭作业负担过重,他们就没有时间阅读科学书刊,这样就形成一种恶性循环。"

四、阅读能带来过硬的基础学力

阅读能力,是一个人所有学科能力中最基础的学习力量。

学校中几乎每一门学科的知识都是通过阅读来学习的。每一门学科的学习都离不开阅读带来的影响。比如做一道数学的应用题,一般的解题流程是你先得读文字叙述才能了解题意,然后运用数学的思维方式捕捉提取需要的信息,屏蔽排除相关的干扰信息,寻找信息之间的相互关联,最后运用数学的认知模型解决这个任务。你看,首先需要启用的能力就是阅读能力。这类阅读能力,我把它称为信息资讯的阅读能力,其关键是准确、快速地通过阅读搜索到有效信息。

以大家都十分关注的高考为例,无论哪一门学科的试卷,阅读量都会很大。特别是最后的压轴大题往往字数极多。一回参加单位组织的培训,讲课的老师为了说明阅读速度在高考中的重要性,出示了两题高考的真题。其中历史的大题有 800 多字。另一题是理综的情景题,则有 1000 多字。在高考这样的特殊场合,如果你没有出色的阅读能力,如何能完成这样的考试?

对于各门学科的学习来说,阅读还能提供广阔的"智力背景"。

苏霍姆林斯基说:物理对学生来说是最感困难的学科之一,学习内容中包含了大量难以理解的、需要记忆的概念。因此,他"尽量设法让课外阅读跟将要学习的每一个新概念相配合"。根据教学内容和要求,他向学生推荐有趣、有吸引力的相关书籍。在教电流是自由电子的流动这个科学概念时,他"发现学生们对所讲的一切东西,简直是'一听就明白'",对这一复杂的物理现象"好像脑子里已经构成了一幅世界地图",对相关问题的回答"好像只要用小木块放在图上空白的地方就行了"。

苏霍姆林斯基的教学实践证明:"如果一个学生广泛地阅读,那么在课堂上所讲解的任何一个新概念、新现象,就会纳入他从各种书籍里汲取到的知识体系里去。"他将这个"知识体系"称为"智力背景"。

苏霍姆林斯基认为学生要提高学习质量，就必须具有广阔的"智力背景"。广阔的"智力背景"来自广泛的阅读。因此，他要求帕夫雷什中学的学生，每天都要读书，读与各学科有关的科学著作，要坚持不懈，持之以恒。他对学生说："你所读的这一切，就是你学习的'智力背景'。这个背景越丰富，你学习起来就越轻松，学习效率就越高，学习成绩就越好。"

其实现代心理学对此已有很多研究和证实。梳理心理学代表人物皮亚杰、布鲁纳、奥苏贝尔等人的学习理论，可以看到关键的两点：一是思维发展与语言系统的发育有密切关系；二是学习新知识依赖已有的智力背景。

对于学习困难的学生，许多教师、学生家长，甚至一些学校领导都认为要靠补课来帮助他完成学习任务。但是苏霍姆林斯基认为："学生学习越感到困难，他在脑力劳动中遇到的困难越多，他就越需要阅读：正像敏感度差的照相底片需要长时间的曝光一样，学习成绩差的学生的头脑也需要知识之光给以更鲜明、更长久的照耀。不要靠补课，而要靠阅读、阅读、再阅读。——正是这一点，在学困生的脑力劳动中起着决定性的作用。学困生读书越多，思考就越清晰，智慧力量就会越活跃。"

在教学实践中，苏霍姆林斯基"从来没有、一次也没有给这样的学生补过课，只教他们阅读和思考"。他在帕夫雷什中学的教育实践，充分证明了这种理论是正确而有效的。作为人类现代教育史上真正的大神级人物，苏霍姆林斯基对阅读与教育关系的诸多论述，值得我们充分重视。

五、阅读给人带来优秀的语文素养

作为一个专业从事小学语文研究的人，在我看来，阅读还能够带给一个学生优秀的语文素养。

一个喜欢阅读，而且阅读了大量优质读物的学生，他的语文成绩或者语文素养，我基本上可以判断是优秀的。当然也不排除他可能暂时不出色，但我非常确信，这样的学生的语文成绩的下限应当在班级的中等水平。而且有一点是肯定的，他们语文学习的可持续力一定是出色的。

我们在一线教学中，也经常会遇到这样的学生：热衷于反复做各种语文的习题，唯独不喜欢阅读，或者说阅读有限。这样的学生语文成绩可能在一段时间内比较出色，但同样可以确定的是，他们的语文学习的可持续能力会越来越低。这是语文学科本身的学习规律所决定的。而且还可以肯定的是，离开学校，他们就会逃离书本，终其一生，都很难在文字中持续取得生命的温暖和力量。

如果说理工科的学习过程是"举一反三"，那么语文的学习就是"举三反一"，甚至是"举百反一"。因为语文学科的学习本质往往是从量变到质变。有了大量的语文实践，才会有出色的语文素养。而小学的语文实践活动，核心和基础就是阅读。

在我童年所在的江南农村，家家都用铁锅烧饭。新买的一口铁锅，第一天烧，可能锅底感觉不到黑。但时间一长，有一天你会突然觉得锅底的锅灰很黑很厚。为了让锅少费点柴火，我们都会拿个废弃的菜刀使劲把锅灰刮下来。但是无论你怎样使劲，锅底的黑再也无法消除。语文的学习，同此理。

语文的学习，往简单里说，就是"熏锅底"的过程。这里的"熏"就是在语文的世界里"出生入死""反复沉浸"，以至于"近墨者黑，近朱者赤"。这样的"熏"最主要的姿态就是经历大量的、高品位的、合适的阅读。这既是熏陶，也是积累，还伴随着内化。恰如春雨之润泽，春风之化育。

我们都有这样的体会：随着学生的年级升高，语文的成绩就越来越难以依靠补课解决。我们还经常遇到这样的现象：一个高年级的语文优等生一段时间没来上学，但考试成绩依然能维持在比较高的水平。这是因为语文素养的质变一旦发生，在学生的认知系统中就具有高度的黏性，不易脱落。依赖刷题和机械记忆获得的语文知识与能力，则具有脆弱性，随着时间的推移和运用场景的转化，知识和能力的脱落现象会习惯性发生。

这样的语文学习规律让我深信，小学的语文学习经历决定了学生一生语文学习的走向。

语文统编教材主编温儒敏先生关于语文学习中阅读的两个观点，我深以为然：

"语文教学的本质还是多读书。"

"听说读写，哪个最重要？读最重要。"

谁都知道作文是语文综合素养的最高体现。在考试中，得作文而得语文，是大家的共识。但我依然认为在小学语文的学习中，首要的仍是阅读。

如果说作文是一棵树，那么养育它的土壤由两样组成：一是阅读；二是生活。生活虽各有不同，但毕竟每个人都有属于自己的生活。多年的经验告诉我，"作文土壤"的肥沃程度取决于阅读。

古人云："读书如销铜，聚铜入炉，大鞴扇之，不销不止，极用费力。作文如铸器，铜既销矣，随模铸器，一冶即成。只要识模，全不费力。所谓劳于读书，逸于作文也。"（出自《程氏家塾读书分年日程》）

阅读对于学生作文起码有两个决定性的功能：一是提升语言力，优质的阅读可以给学生带来丰富的语言范式，提升学生的语言品位；二是提升感受力，敏锐的感受力是学生作文高下的决定性要素。感受力决定了写作者发现题材的能力，决定了写作者作为生命个体的独特发现。比如对小学生来说，敏锐的感受力尤其需要大量的、优质的儿童文学阅读的熏陶。在我有限的见识中，所有的文字作品，感受力是最重要的分水岭。学生的习作也不例外。

老师作为学生语文学习的支持者，最重要的作用是要帮着打通从"土壤"到"作文之树"的管道。怎样让生活和阅读更好地滋养学生的这棵"作文之树"，是语文老师的教化之所在。这样的作用是无可替代的。

我愿意再重复一次：优秀的语文素养来源于大量的、高品位的、合适的阅读。

我还想和大家分享一个社会学的实验，来进一步说明阅读对于儿童成长的重大影响。

20世纪英国著名的教育社会学家巴兹尔·伯恩斯坦，在英国曾经做过一个社会学的实验：分别选出中产家庭的学生、劳工家庭的学生各10人进行看图写话。他出示了四幅图片，图意分别是：

（1）一群学生在踢球；（2）球打破玻璃；（3）一个妇女拿着球；（4）学生们带着球离开。

中产家庭的学生写道：我们在一起踢球，一不小心球打破了玻璃，我们过去向女主人道歉，并表示愿意赔偿。女主人接受了我们的道歉并将球还给了我们，我们拿着球高高兴兴地回家了。

劳工家庭的学生写道：我们在踢球，玻璃破了，那女人骂我们，我们也骂了她，我们偷回了球。

伯恩斯坦将中产家庭的学生的看图说话视为精致的文化编码，把劳工家庭的学生的看图说话视为粗制的文化编码。

伯恩斯坦说："家庭文化决定着一个儿童的思维方式，思维方式决定着该儿童的语言，语言决定着他的学业成就。"学校使用的是精致的文化编码，所以中产家庭的学生与学校教育容易接轨，学业成就更能成功。

家庭无法选择，父母无法选择，如何来改变这样的状况？在我看来，唯一的办法，就是让学生大量阅读高品位的书籍。因为优质书籍呈现的语言，是精致的文化编码，是具有逻辑性、对话性、文学性的语言。后天大量的精致文化编码的接触和熏陶，可以为一个劳工家庭的学生改变命运提供可能。

我还想起格雷厄姆·格林在《消失的童年与其他散文》中一段经典的文字："或许只有童年读的书，才会对人生产生深刻的影响……孩提时，所有的书都是预言书，告诉我们有关未来的种种，就好像占卜师在纸牌中看到漫长的旅程或经水见到死亡一样，这些书都影响到未来。我想这正是书令人激昂兴奋的原因。从人生前14年所读的书中，我们获得激励与启示，如今从书中所获得的，怎么能与之相比呢？"

最后我想说的是，在学生小学毕业以前让学生爱上阅读，这是父母、老师，我们成人世界，给学生的最好的礼物。童年是不可逆的，而童年往往决定着人的一生。

让我们一起相信阅读的力量！

我们为更美好的教育而来

——学习共同体研究院浙江分院2019新年贺词

又是一年!所有过去时间里的东西照例都不会回来了。曾经的相聚和离别、光荣与梦想、责任与使命、努力与汗水、成功与失败、激动和惆怅都已退回时光的暗处。

就如没有一种学习可归于舒适,世间也没有一种努力只是一场虚空。岁月必有神迹。在学习共同体蹒跚践行的道路上,相信所有的过往都会在未来的某一刻,以另一种方式绽放。就如非洲草原的"尖茅草",岁月的风雨对于成长这件大事来说,是隐忍、滋养,也是蓄势激发。

教育兹事体大!作为庞大教师队伍中的一员,我们深感个体的渺小,也深感个体的重大使命。

此刻站在阳历新年的起端,怀揣对美好教育的期许,我们内心明亮。我们要大声问候所有致力于追寻更好教育的人们——新年好!

我们要邀请更多的伙伴,用行动去书写新年的教育愿景:从课堂开始,我们努力为每一个学生享受公平而高质量的学习权竭尽所能!

我们要审视、重塑自己的教育哲学。坚守教育常识,回到原点重新思索教育的意义。自由在高处,教育者更需要有心灵和行动的自由。

我们要建设安全的同僚互学关系,更多地把"教室门打开",更多地用"蚂蚁之眼"走进课堂的真实世界,基于实证和经验不断寻求课堂的改进。

我们要建设安全润泽的课堂,让课堂成为学生相互倾听、智慧交响的场所。我们相信尊重并努力实现每一个人的学习权利是每一堂课最大的民主。

我们要建设追求卓越的学习生态。课堂必须是砥砺思维、不断挑战的场所，学习的使命必须是"让学生越学越聪明，越学越有兴趣"。

学习共同体十年来在中国扎根现实，涓滴汇聚，深潜蓄力，终至破土成长为越来越多教育者的理想蓝图。学习共同体对学习者人性的洞见，在万物互联、人工智能的时代语境里，更具有深刻而独特的意义。

方向优于地图，行动优于理论。我站立的土地是"王充、王阳明、蔡元培、鲁迅"们曾经站立过的土地。让我们回到自己的教育现场，用行动实现学习共同体在本土的创造性转化和创新性发展，我们期待一代学子在学习中"五官苏醒"，舒展地成长，我们期待学习共同体中涌现更多的"个人理论"和实践话语。

新的一年让我们一起升级自己，去体贴更多学生遭遇的学习问题，去助力更多学生的拔节成长。历史总是合力作用的结果。越来越多的个体小趋势总会汇聚成大的趋势。

我有光，世界就有光。

祝福我们深爱的祖国！祝福每一位推动教育改进的朋友！

第二章

研究课堂的逻辑

一线课堂的困境及生成逻辑

课堂是学校的中心。对于课堂理解与改进的讨论,是每一位有良知的教育工作者都绕不过去的话题。

笔者作为一名从业近20年的教研员,课堂就是我工作的田野。在多年的课堂学习观摩和研究诊断的经历中,笔者深感我们的课堂,无论是"舞台课"还是一线的"常态课",长期以来都存在着浅表性学习、表演性学习、虚假性学习的现象。具体表现如下:

一是学习内容过度"舒适"。表现是教师普遍忽视具体班级及学生的学习起点,缺乏学情研究意识,尤以学习内容的浅表性和碎片化最为突出。以语文为例,大量的教学时间耗费在学生一读就懂的问题上。

二是学习历程高速滑行。教学的注意力集中在教学内容的完成度与完整性上,教学内容高度压缩,课堂高速、平顺地线性滑行。这与缓慢而复杂的学生学习历程之间存在巨大落差。这样的课堂难以编织成一张学习之网。

三是学习个体互相孤立。具体表现是课堂强调个体的表现与表达,忽视相互倾听。学生在学习中缺乏存在感。课堂学习阶层分化现象严重。

四是思维冲刺没有发生。学习任务以识记、练习等低阶思维为主,缺乏挑战性学习任务设计。教师缺乏培育学生高阶思维的意识。

五是学习结果容易"脱落"。浅表性学习的结果往往具有脆弱性。这些知识与能力往往在学生的认知结构中处于梗阻状态,难以解释和解决陌生化的问题情境。

上述课堂问题的形成乃至长期固化,自然是一个复杂的过程。教师作为课堂的"首席运营官",毫无疑问有很多可以反思和检讨的地方。这也是笔者多年以来,试图和教师们一起理解这些问题并尝试改进课堂的主要动因。以笔者的有限学习与研究经验看,上述问题大致有以下一些生成逻辑。

一是教师潜意识中默认"教过"就是"学过"。常见一些教师在课堂上教得细致入微,频繁地提问、互动,课堂看似热闹,但学生思维却没有被激发,学生没有真实深刻的体验和领会。

二是教师对学困生缺乏适度的回应和支持。由于教师的理念认识及现实班额过大等原因,教师在课堂上习惯沉浸于自己的教,习惯于关注面上的教学实施,难以体认到个体学生真实而曲折的学习历程,难以发现个体学生具体的学习困境,更难给学困生以具体的回应和支持。

三是课堂长期受学习内容以考点为核心导向的影响。依循"考什么"就"教什么"的机械逻辑,教学行为以应试为取向,把具有丰富联系、生动鲜活的学习过程压缩成传递静态知识、传授应试能力的过程。

四是长期受"你追我赶"的竞争性课堂文化的影响。不只是教师重说轻听,学生关注的也是"我要说",而非"我要听"。没有建立在倾听、互惠基础上的表达,难以形成大面积、高质量的学习结果。笔者大量的课堂观察表明,那些看起来为"争先"而学习的课堂,大部分的学生会成为旁观者、失败者和相互埋怨者。课堂安全与润泽的生命氛围难以形成。这也是课改以来我们一直提倡的课堂合作文化难以真实落地的深层原因。

五是对"舞台课"的学习借鉴缺乏深度转化。"舞台课"的出现曾是课堂教学研究的巨大进步,早期对传播交流课堂理念与学科先进教学思想、培育名优教师起到了积极作用。但是,由于"舞台课"蕴含着成人世界一些直接的功利,教师在教学过程中自然会把观众听课的愉悦感和满足感作为考量的一个重要因素。而对于观课者来说,由于受到观课位置、现场条件和传统评课议课文化的影响,很多时候对一堂公开课的观察、讨论,基本只停留于教师"如何教"上,而对于学生"如何学"很难清晰地观察分析。对于"舞台课"的学习和借鉴,我们要多一点复杂性思维,警惕教师成为演员,学生成为道具,学习成为表演。

课堂是复杂的，其长期的困境及成因分析自然非我所能穷尽。笔者写这样一篇文章，只是试图和老师们一起走进课堂内部的真实世界，寻找符合学理、符合逻辑的解释。希望这样的解释能够为我们的课堂改进提供一个支点和一种方向上的参考。

重建课堂的教育哲学

理想的课堂学习追求让每一个学生达到自己的最佳状态。鉴于课堂中长期、大面积存在的浅表性学习、虚假性学习、表演性学习等现象,笔者结合国际著名教育学者、日本前教育学会会长佐藤学先生的学习共同体理论及陈静静、李玉贵、褚清源、谈杨等教育学者的思想经验,于2016年正式把开展课堂深度学习探索作为研究和工作的方向。

深度学习的概念,源于人工神经网络的研究。时下对深度学习的研究主要集中于计算机领域的深度学习、信息技术支持下的深度学习、教学论或教育学意义上的深度学习等。

相对于当前课堂中大面积存在的浅表性学习、虚假性化学习、表演性学习,深度学习是围绕学习本身,统整、优化学习的相关要素,追求学习内容精准、学习关系安全、学习思维高阶、学习结果强黏性的一种学习状态和过程。深度学习追求学生在学习中的深度卷入,追求学习内容与学生生命处境的深度联系,追求学生思维的萌发和登攀,追求学生学习结果的强黏性和去脆弱化,强调个体在学习中的意义感和效能感。

为了保障课堂深度学习的推动,笔者认为可以确立以下三个维度的教育哲学,用以审视和反思我们的课堂现象。

一、课堂以学习为中心

面对课堂改革的纷繁表象与诸多概念迷思,笔者认为,我们要回归常识，牢记："学校应以课堂为中心，课堂则以学习为中心。"因此，教师最应当成为学生课堂学习的研究专家。

课堂深度学习追求真实的课堂。它可以是不成熟的，甚至是青涩的、粗糙的，但必须足够坦诚和真实。师生对学习必须葆有敏锐的触感、清醒的认知和丰沛的感情，唯其如此师生的思维才会不断锐化。

所有的学科学习天然存在着悖论。学生的"学"遵循的是学习的逻辑，而教师的"教"则习惯于遵从学科、教材的知识逻辑。学科、教材的知识逻辑与学生的学习逻辑之间如何深度融合，如何在符号世界和学生的经验世界之间建立连接，应成为教师持续研究的专业命题。

简单地说，"学生如何学会更好"就是研究、改进课堂的行动指南，也是深度学习探索的意义所在。

二、保障每一个学生公平而有质量的学习权

十九大报告指出："努力让每个学生都能享受公平而有质量的教育。"具体到课堂，就是保障每一个学生在课堂中公平而有质量的学习权，这是教师的核心责任与使命。

课堂是师生的另一种生命旅程，它不仅关系到未来，也关系到现在。课堂质量的高低，其实就关系到师生当下生命质量的高低。

教师应当努力让课堂成为一种"交响"。每一位学生都是具体而鲜活的，他们各有不同，恰如交响乐团中各种大相径庭的乐器。交响曲的意义就在于不是齐奏，更不是独奏，而是不同乐器在不同声部按照自己的特性演绎出最美的音乐。课堂的深度学习追求每一位学生都能在原来的基础上不断进步，都能展现最好的自己，追求每个具体的学生的学习意义感和效能感，让他们找到在课堂中自身存在与学习的价值。

三、树立"学科育人"的思想

深刻理解和把握学科本质，就是发现和把握学科课程在学生发展中的独

特的价值，这是学科课堂深度学习的基本保障。

深刻理解学科本质，要把它放到中国学生发展核心素养的框架中进行理解。说到底就是我们每一位学科教师面对课程内容的时候，首先要想的是如何以学科本质去主动对接学生的核心素养培育，思考学科能够为学生的更好发展提供什么。

传统意义上的教师就是被贴上"数学""语文""英语"等学科标签的知识传授者，是知识的代言人，拥有知识霸权地位。这也是"要给学生一杯水，教师需有一桶水"的核心逻辑。面向未来，我们须看到，学科学习并不是对学科知识符号的简单占有，教师不仅要有学科思维，更需要有教育学的思维，要看到学科教学的最终目的是促进儿童的全人发展。也就是说，学科教师的角色理解要从"学科教学"升级到"学科育人"的维度上来，从"学科知识代言人"升级为"如何用学科育人的探索者"。

在这样一个知识大批量生产的时代，穷尽学生的青春去识记学科惰性知识和静态知识，可能会成为我们这个时代最大的浪费。

模块化、标准化、程式化是伴随工业时代产生的思维模式，其先进性在于可大幅提高生产效率，降低出错的可能性。前工业时代背景下的学校的课堂就是批量生产合格生产者的地方。面对第四次工业革命，当机器一样可以提供知识和体力，作为教育工作者，我们就必须追问，后工业时代，人类的知识学习的核心价值在哪里？

苏霍姆林斯基曾对一位物理老师说：你不是教物理的，你是在教人学物理的。我想这话在今天同样适用于所有学科的学习。学科学习，不仅是为了获取知识，其更重要的价值和意义是全人，这是超越课堂和学科课程本身的。学科学习不能止步于学科自身的知识与能力，这也是当下世界如此郑重地关注核心素养的目的之所在。

当我们的思维解了锁，也一定会发现每一门学科都是生活世界综合的产物，是人类思想精华的结晶。

时代在迅猛发展，教育被裹挟其中。面对未来，我们的课堂也需要迭代升级。倡导深度学习从未像现在如此迫切。我想，保持对更好事物的向往，能够让我们一起战胜时间，获得生命存在的伟大意义！

如何让"学习逻辑"引领"学科逻辑"

我们的学科学习一直天然存在着悖论,即学生的"学"遵循的是学习心理的逻辑,比如从直观到抽象、从零碎到整体、从无意义到有意义、从直接经验到间接经验。而教材更多的是依循学科知识的逻辑性严密编排的,我们的"教"更多遵循的也是学科知识的逻辑。

苏霍姆林斯基曾说:"著名的德国数学家克莱因把中学生比作一门炮,十年中往里装知识,然后发射,发射后,炮膛里就空空荡荡,一无所有了。我观察被迫死记那种并不理解,不能在意识中引起鲜明概念、形象和联想的知识的学生的脑力劳动,就想起了这愁人的戏言。用记忆替代思考,用背诵替代对现象本质的清晰理解和观察是一大陋习,这会使学生变得迟钝,到头来会使他丧失学习的愿望。"

以小学语文学习为例,进入学生头脑的语言必须是真正构成可视可感的表象或概念的外壳,而不是"空壳",这样的语言才可以成为他们思维和表达的工具,供他们自由地驱遣、运用。可以说,这样的教学是有活性的,犹如一个磁场,能不断摄取、融合新的语言信息,不断改造学生自身的语言和思维。笔者曾在《以形象建构抵达更高层次的文学阅读理解》一文中写到过一个"消极语汇如何向积极语汇转变"的案例:

一位教师执教《我的伯父鲁迅先生》一文中的"饱经风霜"一词时,是这样教学的:

师:闭上眼睛想,在生活中有没有可以用"饱经风霜"来形容的脸?

（学生思考10秒钟左右，开始有人举手。）

生：又黑又瘦，额角有道道皱纹，嘴唇上一道道血口子。

生：眼角陷进去，虽然只有30多岁，但看上去已经50多岁。

生：他头发像稻草一样，上面还蒙了一层灰。

师：从这饱经风霜的脸上你还能看出什么？

生：家里穷。

生：这个车夫太可怜了。

生：他经历了很多磨难，还照样干活。

师：在这么冷的天气里，车夫光着脚，被碎玻璃刺破了，血流了一大摊，当时如果你在场，你会怎样？

生：我会把身上所有的钱给他。

生：我力气大，可以拉黄包车上医院给车夫治疗。

生：我会打电话叫我当医生的爸爸。

相似论把与要理解的事物具有相似性的"前理解"，即存储在大脑中的知识单元，称为"相似块"。它是一切理解的基础和前提。具体到阅读理解，教师的引导就是要激活已经存储在学生头脑中的那些能与课文言语相匹配的"相似块"。生活中一些饱经风霜的脸是学生早已感知并储存在大脑之中的，只是缺少能与之匹配的文字符号。所以当教师让学生"闭上眼睛想，在生活中有没有可以用'饱经风霜'来形容的脸"时，学生就立即将经验中的情景与书本中的词语联系到一起。由生活经历而激活的关于"饱经风霜"的脸，是学生在日常生活中通过无意识的隐性学习而获得的成果，当它与"饱经风霜"发生形象建构的时候，"饱经风霜"就被赋予了学生个人化的言语意义。

这就是学生语言学习的逻辑，不遵循这样的逻辑，"饱经风霜"这个词就大概率会成为学生的消极语汇。在一线的教学现场，教师常常陷入一个泥潭，看似把该教的知识都已经仔细教过，但是学生的学习结果却是脆弱的：一是容易遗忘；二是转换一下问题情境，学生的学习结果就无法用来分析问题和解决问题。

我们以往讨论课堂，喜欢用"行云流水"来形容一堂好课的艺术，但在深度学习的语境下，这更像是一种"讽刺"。以学生学习逻辑引领的教学，必然是真实的学习，困境和挑战必然时时发生。好的学习历程从来不是一帆风顺的，而是受阻、迂回、等待、突破甚至暂时放弃的攀登过程。

让"学习逻辑"引领"学科逻辑"，让学生学习历程引领教学过程设计，关注学科知识逻辑与学生学习逻辑之间的融合，关注符号世界和学生的经验世界特别是生活经验世界建立连接，这是课堂深度学习设计的关键所在。

课堂深度学习的底部逻辑及完整意义

我们从来不缺少对课堂的探索。近年来，各种模式，各种概念，各种"有效学习""高效学习"的经验层出不穷，但这似乎并不能消解我们的焦虑和迷茫。笔者发现有的地区、有的学校的课堂甚至异化到无论是哪个学科、哪种课型、哪位教师执教，一律严格按照规定的教学模式进行，还美其名曰"课堂建模"。

课堂深度学习不是一种模式。它只相对于课堂浅表性学习、虚假性学习、表演性学习而言。在我看来，课堂深度学习视域中的课堂必须坚持以学习为核心，改进课堂的基本逻辑就是"学生如何学会更好"。

课堂学习的核心主要由两部分组成，一是课程内容，二是师生的思维与言行。当我们讨论如何改进课堂时，习惯于把与课程内容关联最紧密的要素放在最突出位置，比如"提问、评价、作业、环节优化"等。但往往忽视课堂中一位位具体的学生在其中的感受和表现。这样的教研，犹如"隔着毛玻璃"对课堂进行观察和研究。

课堂深度学习的推动，必须让老师们"看见"课堂中的每一位学生，正如佐藤学先生所言："要把每一位学生装进自己的身体意象。"一名出色的学科教师，不仅须有丰富的学科教学知识，还须有良好的教育学素养。这样的教育学素养首先体现在对课堂中学生的发现，对人的完整成长的理解。

学生是课堂的第一要素。对学习者人性的洞见，是课堂深度学习实现的底部逻辑。

首先，学生需要课堂中的存在意义。人是一种意义的存在。人与人之间，人与事物之间，是通过制造意义而发生联系的。课堂首先要保障每一位学生公平而有质量的学习权。学习权是学生课堂中最重要的权利。

学习是极具个人意义的活动。如果学生在课堂中长期没有实现自我价值的机会，自然感受不到为何学习的真实意义，他在课堂中的存在感和尊严感就会逐渐流逝，他就会逐渐被边缘化，直至成为学困生。

学习内容、学习工具、学习方式，乃至学习伙伴，都能为实现有意义感的学习提供"脚手架"。当我们讨论这些学习要素时，既要看到课程的学科本质，更要看到学生的人性本质。

课堂学习还是极为社会性的活动。如果理解不到课堂社会性的复杂，理解不到课堂中的鄙视链存在，就无法破解课堂的"弱肉强食"的丛林法则。与一门学科的知识学习相比，这是更加重要的课堂生态的改良。

课堂要千方百计地建设学生之间、师生之间的倾听关系。从倾听出发，让每一位学习者都有尊严，让每一位学习者从孤立学习走向互惠学习，从互惠学习走向挑战性学习。这样一来，建立在人与人之间的深度协同关系，会让学习者从被动转向能动，会让学习深度发生。这样的意义感会为学科知识赋能。

其次，让学科知识具有个人意义。课堂不是知识的罐装过程。课堂教学更不该沦为"考什么教什么"。我们要警惕学得很认真，看似掌握了知识，但是知识的脱落随时都在发生的伪学优生。

课堂应该是学科知识与学生生命处境、已有经验不断联系和反复发生作用的过程。考察一些杰出教师的课堂教学，我们经常可以发现让知识穿越生命的精妙串联。

对于学习者个体来说，课堂深度学习语境中的学科知识将不会只是简单地传递和识记，而是一种进化与创生。这样的学科知识将是个人化的、鲜活的、高黏性的。这是课堂深度学习对学生学习意义感的重要提升。

再次，让课堂学习具有未来意义。我们面对的是信息过剩，变化太快的时代。知识芯片植入人脑已经不是神话。面向人工智能时代，当下课堂教学价值的独特性可能需要重新发现。在我看来，建立在人与人之间深度联系基础之上的课堂深度学习，其不可替代的价值可能在于对学生敏锐丰富的感受力、复杂的理性思辨力、对自然和他人的责任感以及好奇心的培育。

历史学家尤瓦尔·赫拉利在《今日简史》中提到：学校应该转到教"4C"上，即批判性思维（critical thinking）、沟通（communication）、协作（collaboration）以及创造力（creativity）。课堂深度学习需要帮助学生拥有面对不确定未来重塑自己的这类能力。

面向未来的课堂，需要超越简单地教知识，需要超越简单地教作业和完成考试，需要把每一位学生的思维力、创造力和人格的培育放在课堂中央。

课堂深度学习的发生，关键是教师。帕尔默在《教学勇气》中写道：优秀的教学不能被降格为技术，优秀的教学源自教师的自身认同和自身完善。课堂深度学习更像是教师寻求完整教育的心灵游历。对于一个优秀的教师而言，自我、学科和学生是深深地联系在一起的。其中的牢固力源于教师对课堂中每一位学生的悦纳、观察与研究。

课堂的最终目的是什么？是育人，育完整的人。这正是课堂深度学习所追求的深远意义。

课堂深度学习的发生可能

据麻省理工学院的一份报告,从 2003 年开始,美国的生产力就与就业率没有关系了。身处这个时代,我们已经越来越感觉到经济发展不再需要雇佣更多的工人。最近还看到一个笑话:未来的工厂里只需要一个人和一条狗。人的工作是喂狗,而狗在那儿是要看住人,不让他碰机器。

倡导学科深度学习从未像现在如此迫切!与几年前大行其道的"有效学习"与"高效学习"相比,深度学习更具有学科学习本身的完整意义。

教师是学生深度学习中最重要的他人。

教师虽然各有所长和局限,但首先要努力成为学习的设计师和研究专家。教师要研究怎样保障每一个学生在课堂中的学习权,怎样的课堂生态才可能会让学生觉得安全,怎样的学习关系是润泽的,怎样的学习进程是柔和的……

教师还要成为课堂现场的学习者,不仅努力建设学生学习的共同体,让同学成为"同学",更要在建设课堂深度学习的生命氛围中躬身入局,向学生学习,向学习的真实世界"学习"。

正如杜威所言:学习的过程本质上是一种文化性和社会化的过程。良好的课堂社会关系,是深度学习发生的基础。

相对于具体的生活运用而言,课堂的所学是形而上的。经过无数学科精英经年累月的清理和提纯,学科的知识大厦已越来越精美复杂,自然也离它原生的世界与生活越来越远。这样的悖理,会让学习者感觉所学与自己的生命与生活相剥离,继而学科知识会陷入象牙之塔。

深度学习视域中的学习内容要努力实现学科知识逻辑与学生的学习逻辑之间深度融合，比如符号世界与学生的经验世界，特别是生活经验世界相连接、相融通。

以数学为例，在现实生活中如购票乘车这样的小事，我们所调动的是一大团知识和经验，如阅读车次信息、路线规划、风险评估、确定支付方式等。你往往很难圈定哪一个清晰的书中的知识点帮助你完成了一项具体的生活任务。但长期以来，我们的课本、练习册、试卷往往为了应对某一个知识点的学习，生造出一个生活中的虚拟场景。我印象最深的是小时候学过的数学应用题：两个人或者两辆车什么时间相遇，一个水池同时进水和放水，什么时候会满或者会干。这里可能有数学思维的训练，但抽离了学生相对熟悉的生活问题情境，这个概念和知识无论多么正确，对于一个学习中的学生来说，必然是存疑和生硬的。

笔者曾经有幸听到全景数学创始人张宏伟先生的《分数的意义》，并作为论坛主持人和张宏伟先生做过一些交流。深感张老师对于小学数学教育学价值的深度发现。一个数学概念的背后竟然可以连接如此丰富的知识、生活与文化。超越简单的做题，超越孤立的学科，学生由这堂课看到了数学生活的恢弘世界。数学深度学习的魅力，令人叹为观止。我想这可能也是时下在传统学科的边缘，项目统整、学科跨界等深度学习方式不断涌现的意义。

华中师范大学郭元祥教授认为深度学习是一种"U型学习"。他在接受《今日教育》杂志采访时说：

"U型学习"是我对美国著名教育家杜威的经验教学过程理念的概括。从书本知识到个人知识，学生究竟经历了一个怎样的过程？杜威认为，书本知识具有不可教性，不能直接进行传授，而需要让学习者经历一个复杂的过程，即知识的学习需要经过还原与下沉、体验与探究、反思与上浮的过程。这一学习过程恰似一个"U"。学生首先要将书本知识还原，还原为"儿童有效率的习惯"，还原为"经验"，还原的过程即知识的"下沉"过程。"下沉"环节是对知识进行表征化、表象化和具象化的过程。"U型学习"的底部是学生对知识进行"自我加工"的过程。第三个环节是"上浮"，即反思性思维的过程。经过反思性思维，将经过"自我加工"的书本知识进行个人意义的升华和表达，书本知识才真正变成学生自己理解的东西，即所谓"个人知识"，从而实现对书本知识的个人化理解、自我建构并获得知识的意义增值。"U型学习"更完整地引导学生经历丰富的认知过程、情感过程，以及将知识个性化和社会化的过程，更注重学生的多样化学习投入。更重要的是，"U型学习"通过引导学生深度的理解、体验、对话、探究和反思性思维，使学生获得知识的意义增值，而不是对符号简单占有。

这一学术观点很有借鉴价值。但笔者在学习和思考中，觉得从静态的书本知识到生动的个人知识，如果用曲线表示，可能接近于左低右高的"U"。

具体地说，教师首先要引导学生将书本静态知识还原，还原为生动而丰富的"儿童的经验"。还原的过程即知识的"下沉"过程。"下沉"环节是对知识进行具象化的过程。"U型学习"的底部是学生"自我加工"的过程。第三个环节是"上浮"，即通过挑战性问题，通过倾听、合作与反思，将经过"自我加工"的知识与观念进行个人意义的转化与升华，实现对书本静态知识的个人化理解、自我建构并获得知识的意义增值。

左低右高的"U型学习"历程，正是深度学习超越书本知识，不断往上攀登的生动写照。

超越表层的学科知识，超越单一的、孤立的、枯燥的知识传递过程，让学科转化为人的核心素养和关键能力，让每一个学生获得学习的意义感与效能感，这是我们讨论学科深度学习的核心价值。

多年的教育经历让我相信，学生们能做到的，远比成人想象的要多。让我们改变一点点，一点点改变！

真实完整的学习历程及意义

从笔者个人的课堂观察来看,许多学生的学习历程一般艰难而缓慢,而我们的教学则简单而迅猛。课堂应是学生试错的田野,但事实是对于学生出现的错误,我们很难有耐心等待。

"课堂困境产生的主要原因是高速而压缩化的课堂教学进度与缓慢而复杂的学生学习历程之间存在巨大落差。不少学生的真实学习需求未能得到关注和回应,从而陷入了'学困生'的死循环。"[①]学习不是对知识符号的简单占有。杜威有一个观点:书本知识具有不可教性,不能直接进行传授,而需要让学习者经历一个复杂的过程。作为教师,我们在课堂中的全部精力可能都应当用于把握和经营这样的复杂过程。深度学习,就是要让学生经历真实完整的学习历程。

笔者以为,静态的书本知识转化为生动的个人知识,如果用曲线表示,可能接近于左低右高的"U"。前文所述的"饱经风霜"一词的教学案例即为典型。教师首先要引导学生将"饱经风霜"静态的、公共的词语解释还原为个体对于"饱经风霜"的"生活经验"。还原的过程即知识的"下沉"过程。"下沉"环节是对"饱经风霜"进行具象化的过程。"U型学习"的底部就是学生"自我加工"的再认知过程。最后以"从这饱经风霜的脸上你还能看出什么?……当时如果你在场,你会怎样?"实现知识的上浮和突破,实

---

① 陈静静,谈杨.课堂的困境与变革:从浅表学习到深度学习——基于对中小学生真实学习历程的长期考察[J].教育发展研究,2018(15):90-96.

现对书本静态知识的个人化理解、自我建构并获得知识的意义增值。左低右高的"U型学习"历程，正是深度学习超越书本知识，不断往上攀登的生动写照。

从笔者现有经验及老师们的教学实践来看，课堂深度学习的展开尚面临诸多与传统课堂教学的冲突。最突出的表现是：因注重学生学习过程的真实、充分展开，课堂推进速度大大降低。但笔者以为，坚持以深度学习为追求的课堂转型与课堂文化培育，学生学习品质必然能从量变到质变。

基于人工智能的第四次工业革命已经加速到来，人类有什么用？人类的智能有什么用？人类的学习价值在哪里？人类和人工智能的差异在哪里？用于延续文明的课堂和学科教学，要怎样应对？

面对这些问题，笔者坚信：丰富的人性、先进的思维方式、创造和感知美好的能力，应当是一切未来课堂教学变革需要坚守的价值取向，这也是我们今天讨论课堂深度学习，努力让学生经历真实而完整的学习历程的全部意义。

课堂的关键是激活,而不是控制

我曾去一所农村学校调研,学校安排我听一位年轻老师的课,内容是一年级的《小公鸡和小鸭子》。这位老师的基本素养很好,语音面貌和课堂形象都让我觉得这是一位很有潜质的优秀语文教师。整个班有近20位学生。我坐在后排角落一个胖胖的男孩的旁边。按照我的经验,后排角落可能是上课老师的视觉盲区。从那个角度观察课堂,也可以适当减少对老师和其他同学的干扰。

课堂看起来很有序。大概因为有老师在听课,学生坐得特别端正。特别是我身边的那位学生,目视前方,胖乎乎的小手交叉平放在桌上,手指因为身体用力端正而微微翘起,让我感觉像一个可爱的学习小战士。这样的情形在课堂刚开始时经常能够看到,特别是一些活泼的男孩。

我清楚记得我刚走上讲台时,我的校长最关心也最担心的一件事就是我这个小老师能否把课堂纪律管住。要让入学不久的小学一年级的学生不吵不闹40分钟,这不是件容易的事。看得出这是位负责的老师。几位被老师点到名的学生的朗读一点不输于城里的优秀学生。毫无疑问,老师的语言特长已经影响到了学生。

这堂课的前十来分钟太顺畅了,看起来没有一点混乱、问题和缺陷,就像被充分修剪过的草坪。老师提的问题学生对答如流。指名朗读课文的同学也都读得正确流利。学生看起来训练有素。一个学生回答问题后,老师常会问"大家同意吗"之类的问题,学生都会高声回答"同意"……

课堂毕竟不是演戏,教案毕竟不是剧本,过于流畅的、没有课堂小插曲和小事故的课是让人担心的。更让人担心的是老师潜意识中努力地想掩盖矛盾，营造"一马平川"的课堂。

坐在角落的我很为老师和学生担心。以我的经验，这样的课堂学生的有意注意坚持不了多久。如果学生的思维没有被激活，注意力没有被吸引，他依靠外力控制的身体一定会随着时间的推移出卖他的内心。

我身边那位努力坐得端正的男孩已举了两次手，但是没有得到机会。他开始不停地用眼睛瞄我，身体开始不停地变换姿势。而在另一边的角落，已经有一个小男孩不停地在玩笔……学生注意力已经开始出现大面积涣散。尽管学生没有讲空话，但是身体的变化能够让我读懂他们已经开始游离于课堂。

课后与老师交流。她也感觉到了自己在课堂后半程力不从心，觉得整堂课是越来越没味道。在同一个课堂场域里，随着教学的推进，学生和老师的状态是会相互影响的。

老师和我说了自己的磨课经历和当初的教学设想。这堂课学校和她都很重视。为了迎接我的这次听课，她已经在其他班试教了两次，而且请有经验的前辈一起帮忙听课诊断。第二次试教结束后，前辈们觉得课的设计是不错的。但是作为年轻教师，课堂的把控有点手忙脚乱。特别是有听课的老师在教室，有几个学生特别爱举手表现自己，但总是答非所问，这给课堂的推进带来了阻碍。因为担心课堂控制不住，课堂教学时间不够，一年级语文课特别重要的写字教学可能会没有时间，所以最后决定采用这种比较稳妥的方式来上这堂课。

我无意批评这样努力的年轻教师。教师的专业能力和学生的课堂学习一样，从来都是伴随着真实问题曲折成长的。在与上课老师和学校教研组交流以后，我觉得应该写一篇札记（即此文），因为这位年轻教师的课堂教学思维在一线具有代表性。只要是公开教学，无论是赛课还是研讨课，老师们首先想到的是安全地完成授课任务，为此不惜去有意无意地回避学生真实的学习矛盾，比如以少数几个优秀的学生的发言来代替全班学生的学习。

长期以来，我们有多少公开教学就这样异化为一场上课教师和听课教师一起心照不宣的表演。

设想一下，如果我不在场，当这堂课的下半场出现学生注意力涣散的情况，老师大概率会批评甚至呵斥学生要注意听讲，强调课堂学习纪律。这是教师负责任的表现，但这不是教师专业的解决办法。

用教师作为成年人的威权来控制学生的学习状态，实在是课堂中下策。这样做是否真的有效，教师只要过几分钟留意观察一下学生的眼睛和坐姿就能知道答案。

无论何时，教师都不应该想当然地成为知识的分配者和控制者。教师应该是学生个人学科知识和学科思维发生的桥梁与媒介。

皮亚杰认为：儿童是一个主动的存在，受到兴趣或需求的法则支配，如果他们对于某种活动的自发的积极性没有得到激发，活动的效果就无法发挥到极致。

我曾在佐藤学的《静悄悄的革命》一书中读到"學"这一繁体字的学习隐喻。上部中间的两个"×"表示"交往"的意思，上面的"×"表示和祖先留下来文化遗产的交往，下面的"×"表示学生之间的交往。那包着"×"的两侧，形为大人的手，意味着大人想尽方法支持学生在交往中成长。

课堂是社会。学习要在相互倾听、相互对话、相互合作的交往中真实发生。显然，课堂不只是优秀学生的课堂。不能用优秀学生的光芒去掩盖沉默的大多数。优秀学生的光芒应该去触发和点燃其他学生潜在的光芒。

"努力让每个学生都能享有公平而有质量的教育。"十九大报告中的这句话在教育界有着强烈共鸣。"公平""质量"两个词，代表着一种教育的伦理。它概括出新时代我国教育的新使命，也明确了课堂改革征程的新方向。

课堂不崇拜"英雄"，整体的激活和成长才是关键！团队激活，课堂效益才会有大面积的提升。

课堂当然需要必要的秩序。如果有控制发生，也应当以有利于激活学生学习内驱力为前提。

课堂"安全感"为什么如此重要

作为教育人士，我们对"马斯洛需要层次论"都十分熟悉。这是美国心理学家马斯洛在 1943 年出版的《人类动机的理论》一书中提出的。这种理论的构成根据三个基本假设：

（1）人要生存，他的需要能够影响他的行为。未满足的需要能够影响行为，满足了的不能充当行为的激励工具。

（2）人的需要按重要性和层次性排成一定的次序，从基本的（如食物和住房）到复杂的（如自我实现）。

（3）当人的某一级的需要得到最低限度满足后，才会追求高一级的需要，如此逐级上升，成为推动继续努力的内在动力。

我们重温一下"马斯洛需要层次论"的五个层次，它们依次是生理需要、安全需要、社交需要、尊重需要、自我实现需要。自我实现就是指通过自己的努力，实现自己对生活的期望，从而对生活和工作真正感到很有意义。

比如我现在枯坐书桌，费心费力要写这篇文章，无非是想让自己的文章能够帮助到更多的大人和学生。所以读者的最微小的肯定对于我都有特别的意义。这样的自我认知、期许以及践行就是自我实现。这是相对高阶的需要。

回到我这篇文章要讨论的主题——"安全感"。"安全感"是第二层次的需要。直白一点说，安全需要其实和生理需要一样，它本质上还是一种动物性的需要。

在我的专业经历和职业生活中，我深深觉得"安全感"对于学生成长的基础性作用。但成人世界在与儿童的交往中往往有意无意地忽视这一基本事实。我们努力追求把知识教得准确，或者说，按照我们觉得最有效的方式去教学生学习，但很少去研究、去关注学生在学习中经历着怎样的精神生活。作为一位学科教师，我们努力地成为学科的代言人，但是我们往往忽略我们面对的是完整的，又各有差异的学生。

我们的课堂缺乏对学生人性的洞见。

学生不是知识的容器，学生是需要点燃的火把。唯有点燃，学科的知识才会对学生的经验世界产生"化学反应"。这样的点燃，首先是对学生精神世界的点燃。而"安全感"正是塑造学生良好精神世界的基础。

我在和老师们讨论课堂时，经常有这样的感叹：对于"安全感"，学生远比成人敏感。我近距离地观察过很多学生，也积累了大量学生课堂学习的图片。观察倾听学生身体发出的缄默语言，我能从很多身体细节中强烈地感受到他们的紧张、不安、抗拒，甚至恐惧。而上课的老师往往并不知，老师更多关注的是自己的教学进程，关注的是能否在一节课中把教学内容讲完。

课堂上老师一个不合适的眼神或小小的行为，都会给学生带来情绪上的波动。我有时甚至觉得学生的每一个毛孔都能感受到教室周围空气的颤动。如果学生觉得在课堂中感到紧张和不安全，他自然会关闭自己与外界联系的一切通道。他会在自己的身上披上"铠甲"。知识对于当下的他不再是第一需要。此刻学生的大脑的"带宽"就会受到严重影响。他对于课堂中的学习内容所采取的是"防御"策略，课堂中"一本正经"的虚假学习就这样产生了。

如果遇到一位智慧的、从容的老师给学生上课，就恰如"春风化雨"。这样的课堂，老师的教学语言一定有着极强的"沟通感"和"安全感"。在安全的环境下，学生的身姿会渐渐柔和，他的内心会安定，专注力会提升。

我始终相信，学生在安全的环境下才最聪明。这一定程度可以解释一些平时弱势的学生或者调皮的学生为什么在公开课中会有出色的表现。不可忽视的一条是老师不会在公开教学中直接批评同学，让学生在群体面前难堪。

为了进一步说明这个问题，下面我引用1992年"全美最佳教师奖"得主雷夫2012年在中国访问期间和中国教师的一段对话。

教师：你在短短一年的时间里，开设了那么多的课程，莎士比亚戏剧、棒球、电影课、经济课程，你还要花时间带学生去旅游，但是你的学生考试成绩也非常好，对此我感到很神奇，你是怎么做到这一点的？我为了提高成绩，需要花很多时间，我跟你的差距咋这么大呢？

雷夫：我的学生之所以阅读做得很好，不是因为他们准备考试，而是因为他们读得很多，却不是为考试做准备。我的学生对数学有很深的了解，他们觉得考试的内容比他们平时做的容易多了。我的学生考试成绩好是因为他们是放松的，我在平时会考考他们理解到哪一步，但是我也会告诉他们，如果考不好，会有什么结果——那就是没有任何的变化，他们不会因为考试不好下地狱，他们的妈妈依然爱他们，我也依然爱他们。

雷夫的"第56号教室"创造了教育奇迹。我翻阅有关他的诸多资料，其核心的经验就是两条，一是"阅读"，二是"安全感"。我个人认为更基础的是"安全感"。

的确，在充溢着"害怕"的教室里，老师害怕，怕丢脸，怕不受爱戴，怕场面失控；学生更害怕，怕成绩不好，怕当众出丑，怕老师发火。

雷夫在其《第56号教室的奇迹》一书中还说：第56号教室之所以特别，不是因为它拥有什么，而是因为它缺乏了这样一种东西——害怕。可以说，一间教室能给学生们带来什么，取决于教室、桌椅之外的空白处流动着什么。我告诉他们，真正的考试在十年之后，不是说考试成绩怎么样，而是我在一年中让他们学到了什么生活技能，他们不是为考试而学习，他们是为了生活中受益的知识学习。让他们很放松的时候，他们就会考得很好。

学生各有自己的禀赋和成长的节奏，但学习进程中的"安全感"则是他们共同的基础性需要。只有在安全的基础上学习，学生才有可能心无旁骛，各尽所能。

不管我们用怎样的方式，我们一定要让学生在课堂中心神安定，只被学习本身吸引。如此，学习才会在每个学生身上真实地发生，课堂才会奏出"学习的交响"。

课堂深度学习中的倾听关系改进

针对日本学生逃离课堂等困境,佐藤学先生创立了"学习共同体理论",在课堂学习共同体的理论架构中,他提出了三个基本要素——"学科本质、倾听关系和挑战性问题"。我想结合自己的教研实践,谈谈我对课堂倾听关系的理解。

若从字面解释,"倾听"可解释为"认真、细心地听取"。这是耳朵接受信息的过程,更是复杂的内心活动过程。

佐藤学先生在其名著《静悄悄的革命》中反复提到了倾听在课堂学习关系中的基础性地位。比如:

倾听这一行为,是让学习成为学习的最重要的行为。善于学习的学生通常都是擅长倾听的儿童。只爱自己说话而不倾听别人说话的儿童(人)是不可能学得好的。

无论是教师,还是学生,始终都保持一种倾听的心态,让发言者把话完整说完。

如果我们希望在课堂上更好地培养学生的言语表现能力的话,那么与其鼓励他们发言,不如培养其倾听的能力。这看起来好像离得远些,其实却是一条捷径。在教室里,倾听的能力培养起来之后,课堂的言语表现才会变得丰富起来,而不是相反。

互相倾听是互相学习的基础。教师往往想让学生多多发言,但实际上,仔细地倾听每个学生的发言,在此基础上开展指导,远远比前者更重要。

读着这样精辟的论述,我们可以强烈地感受到,在课堂中"倾听比发表更重要"。课堂中的倾听不仅是一种能力,一种态度,更是一种深刻的课堂社会关系。佐藤学关于倾听的观点,可以说全面颠覆了追求活跃热闹、追求小手如林、追求学习竞争的课堂传统认知。

当下,我们要推动课堂真正的转型和改革,可能需要回到教育"立人"的原点,从原来的改课堂结构、课堂内容,到兼顾改课堂关系。课堂倾听关系价值的重新发现与构建将会是未来课堂转型改革得以实现的最重要的基础。

一、以倾听关系建设有安全感的课堂

很多时候,我们的课堂成为老师和小部分"发言明星"的舞台,大部分学生边缘性参与,小部分沦为课堂的看客,甚至是叛逆者。心理学家卡尔·罗杰斯将这样的现象称为"课堂上的观光者"。一些"观光者"沉默寡言,他们尽量隐藏自己,往往坐姿端正,但身体僵硬,目光很少和老师对视,担心被老师注意到。他们的生命能量除了维持长时间坐端正以外,几乎很少用于深度思考学习的问题。还有一些则在课堂中反常活跃,但这样的活跃基本与学习无关,他们需要的是刷存在感,以引起老师和同学的注意,因此经常会受到教师的斥责和其他学生的孤立。

倾听关系的本质是尊重,所产生的首先是安全、安心的课堂氛围。安全是人类的本能需要。人唯有感觉安全,才会卸下防御的铠甲,才会打开自己的心灵,才会让自己的认知触角灵敏起来。

二、以倾听关系构筑互惠共赢的课堂

多年的职业经历让我认识到,课堂关系紧张、课堂阶层固化是深度学习的最大障碍。倾听关系的第二层要义在于互惠。学习不仅是一种师生、生生的对话,更是一个相互启发、协同前进的过程。

以浙江省教坛新秀冯朱敏老师执教的小学语文统编教材五年级《月迹》

的一个学习任务的展开为例：

学习任务：哪一处"月迹"最有趣？在导图中选择最吸引你的一处"月迹"，细读相关段落，根据句子中关键词句的描述（圈一圈关键词），在大脑中想象画面。

倾听要求：

（1）听到与自己的想法相似的，吸收比自己好的部分，考虑是否需要补充。

（2）听到和自己的想法不同的，想想他是从什么角度来看的，为什么会和自己想的有偏差。或者接着他的想法再读课文，继续发现。

（3）听到自己有疑问的地方，做一个标记，等同学说完，将疑问提出来。

发表要求：

（1）每个小组都有同学参加发表，可以小组内四个人一起站起来互相补充着说，也可以单个人举手参加。

（2）补充从同学的发言中引发的新发现、发表不同意见、提出疑问（不重复）。

（3）选择同一处"月迹"的观点集中发表完毕，再进入下一处。

我们从中可以见到倾听关系的建立，能够真正让同学成为"同学"。在倾听伙伴发言的过程中，学生会不断激发起新的认识，补充新的观点，让阅读抵达更高层次的理解。学生会被深度卷入学习，会有"啊，懂了"这样的恍然大悟的学习愉悦。

这样以倾听关系为基础深度联结，个体会更负起学习的责任。通过倾听关系让所有学生间有着积极依赖，让"孤立学习"走向"互惠学习"，从而让学生越来越聪明，越来越有学习兴趣。

三、以倾听关系升级教师的专业倾听能力

在课堂倾听关系建设中，教师首先需成为倾听的首席示范者。如此，教

师才能从线性、碎片式的教学环节推进者，转变为课堂深度学习之网的编织者。

教师的专业倾听能力，是成为课堂学习研究专家的必备条件。在学生学习的展开过程中，教师不仅需要以"外耳"倾听学生显性的声音表达，更要修炼"内耳"倾听学生的缄默语言，如学生表达中的情绪等。除了倾听对话中的学生，还要努力倾听班级中每一个学生呈现的信息，特别是发现学生遇到学习困境时身体发出的"求救信号"。

在学生学习的展开过程中，良好的倾听能力能触发教师的教学想象力，就如工匠看到材料中隐含的可能性。

以倾听学生的一次发言为例：

一是要关注发言中学生与教材的关系。比如关于教材内容的知识、思想及感情的表达。

二是关注发言中学生与课堂社会的关系。比如学生发言中交织与构筑的同教师与伙伴之间的关系。

三是关注发言中学生与自我的关系，这是学生课堂中的存在证明与表态。

以语文为例，教师倾听时，可关注学生的发言是文本中的哪些话语触发的，学生的发言与内容之间有怎样的关联，学生的发言是由其他学生哪些发言触发的，与自身之前的思考和发言之间有怎样的关联，发言中包含着怎样的缄默语言。

教师的倾听是对学生进行深度回应的基础。教师要重视自身倾听能力的训练。根据笔者的经验，就是要少讲精讲，多用耳朵和眼睛参与教学。

在我看来，当下的课堂，第一要务是实现从关注决定学习的快变量走向关注决定学习的慢变量的转变。这里的慢变量就是培育相互倾听、相互关怀的课堂文化基因，建立起倾听关系为基础的课堂生态。

课堂深度学习中的社群文化建设

安全是人类的本能需要。课堂是人与人之间不断互动的小社会。如果我们认可学习需基于人性,首先就应该创设安全、安定的课堂社群文化。在笔者看来,这样的课堂社群文化主要包括以下两个方面。

一、相互倾听的文化

课堂中相互倾听文化的本质是建立安全、互惠的课堂社会关系。课堂学习是一个相互启发、协同前进的过程。对于个体来说,在倾听伙伴的发言过程中,能够不断激发起新的认识,让思维在相互交织中不断冲刺,让学习的结果抵达更高层次。

没有倾听为基础的个体表达容易脱离群体学习的整体语境,观点会陷入碎片和孤立。考察我们大量热闹而低效的课堂,无不陷入这一困境。对于个体的学习来说,不以倾听他人为基础的表达,缺少深度学习的意义和价值。

但深度学习视域中的倾听文化并不会自然形成。

倾听文化的基础是个体倾听能力的培育。据笔者学习和观察,依据倾听能力的强弱,可分为低阶倾听和高阶倾听。低阶倾听者往往只能听清简单的指令,听清问题的大致意思。高阶倾听者则能在混乱和多重表达中听清主要观点和矛盾之处,听清复杂问题中的核心要求,最关键的是能迅速建立与其他信息的联系,助力自己继续思考的登攀。倾听能力的形成并非一朝一夕之事,需要教师长期地培育,并运用一些策略。

笔者曾听到过一位优秀教师经验介绍,她在课堂中是这样培养一年级的小学生如何倾听的:发言的同学就像是小小的太阳,听的同学就像是美丽的向日葵,同学在发言的时候,大家就要像向日葵一样身体朝向小太阳。这位智慧的一年级教师通过身体姿态的变动来指导学生如何倾听。

专心听讲是课堂学习的基本习惯。但课堂深度学习语境中的倾听文化不只需关注学生是否在"听",还要关注倾听的动力、欲望和效果,关注过程是否有问题驱动,倾听后与同伴的关联和影响,如此才能慢慢形成具有倾听文化的课堂。

以小学语文学习为例,口语交际是语文课程的五大学习领域之一。交际是互动的,高质量的言语交际的基础就是高质量的相互倾听。在部编小学语文教科书对口语交际学习内容的编排中,对学生的倾听能力和倾听习惯的培养都有清晰的设计和明确的要求,这也有助于老师们把日常坚持与专项练习结合起来,扎扎实实地推进学生倾听能力的培养。

二、关爱弱者的文化

学力的强弱造就了学优生和学困生,并由此慢慢形成阶层。随着年级的升高,学习内容难度的增加,这样的阶层会被逐渐固化,再难流动。同时正如佐藤学所言:学习形成之处,就是差异产生之处,也是歧视和偏见产生的场所。

从生态的角度看,课堂中"鄙视链"是客观存在的。

如课堂小组合作学习中经常强弱异质搭配,我们的逻辑假设是学习能力比较强的学生会带动和指导其他的学生。但我们观察到的事实经常是强者成为话语霸权的拥有者,弱者成为学习的旁观者和逃离者。

再如一些班级为了提倡"你追我赶"的学习氛围,把学生的按考试成绩分为几等来编排小组座位,并按成绩的升降来实现流动。这种成人一厢情愿的粗暴做法,事实上容易对弱者的心灵造成伤害,强化了"弱肉强食"的丛林法则。

弱者如果发生转变，一定是从内心开始。课堂深度学习语境中的学习倡导"你有什么不懂你来问我，我有什么不懂来问你"，努力营造安全柔和的学习氛围，而不是弱者总处于被教的局面。

为了保障弱者的学习权益，教师可以设置一些"弱者优先"的课堂机制。

比如在课堂小组合作学习中和代表小组公开发言中，我们倡导弱者优先的原则，让学困生在小组内多轮倾听其他同学的表达后得到认知和思维的跃升，以此推动学困生体验到学习的尊严与意义，同时重塑自己在课堂社会中的形象。

再如在课堂临近结束的十分钟左右，老师可以提醒大家：本堂课未发言过的同学优先发言。以此保障弱者能够有更多的机会参与学习。

课堂中关爱弱者的文化，不仅是给弱者提供保护，更是形成富有层次和节奏的学习生态的需要，同时也是对全体学生关爱他人的人性的教育。

无论是相互倾听还是关爱弱者，课堂都需要回到"人"的原点进行思考和建设。人性的常识告诉我们，学生唯有感觉安全，身体和心灵才会松弛，心灵和大脑才会向外部的未知世界开放。

如此，课堂深度学习才有可能发生。

教师倾听的课堂意义

无论多么精细和完美的教学预设，都会和实际课堂中的学生的学习存在距离。在班级授课制的背景下，学生各有不同，有时甚至差异巨大。

在笔者观课的过程中，经常能发现教师和学生思维方向并不同步，有时甚至发生错位。在以完成教学设计为第一考量的课堂中，教师只愿意听到和回应正确答案或者自己想要的答案，同时屏蔽课堂中的各"杂音"。面对学生意料之外的发言，教师很难发现看似节外生枝甚至错误的发言中通向学习目标的幽径和跳板。

一个成熟的教师，要高质量地完成教学目标，设计很重要，但设计变现则需要师生的真实互动。其中的关键在于教师是否有能力引领。高水准的引领本质上是以高水准的倾听为基础。

尽管教师要做到倾听每一位学生非常困难，但倾听是一切教学的前提！苏霍姆林斯基说："在教室里，凡有不好好听别人发言的学生，肯定有不认真地倾听每个学生的一言一辞的教师。"

那些未被老师倾听的学生成了虚假的学习主体，学生学习的能动性可能就遭到了挫伤。

教师教学行为的第一要义是在课堂上努力以倾听的姿态面对每一位学生，倾听他们有声的、无声的语言。

教师成为谦逊的倾听者，是信赖学生的开始。比如尽量不插嘴、不打断，尽量让学生把话说完。

倾听关系作为课堂的一种慢变量，需要的是长时间的培育。作为课堂的设计者和引领者，教师更需示范如何倾听。

比如在行动上侧耳倾听、蹲下倾听、走近倾听，让学生耳濡目染，学会有耐心、安静地听同伴表达。

比如适当放低自己的声音，降低教师自己的存在感。

比如话语凝练些，只在学生们的发言中起穿针引线的作用。

比如弱化评价，让学生多一些机会建立互相连接，创造随时互相学习的完整场域，助推高阶思维的发生。

教师课堂上的所有努力其实都是为了自己"得体地退出"。

焦虑和担心是我们不能充分倾听学生的根本原因。当我们把全部精力，用来关注如何控制课堂、完成事先设计的教学任务的时候，倾听就难以形成，课堂上发生的大概率是流畅顺滑的、完成规定流程的浅表学习。

对于课堂，我们一是要更加精心地设计与准备，预想课堂可能出现的问题；二是我们需内心强大，有对自己专业能力的自信，这样的自信，能够帮助教师建立全然开放的倾听心态。

我经常和学员们交流一个观点：进入课堂，首先是松弛自己的身心，不仅是耳朵，要让自己的五官全部敏锐起来，察觉教室中的任何一个细微的变化，以倾听发现当下可以生成的学习机会和资源。

教师还要通过倾听学生的表达，把学生引导到对知识的倾听，即与知识的对话上，并让不同意见的人说话。

当教师通过倾听走入学生的认知和精神世界时，学生就会建立起对你的信任，把你看成是能倾听他真实表达的言而有信者，课堂生成就有可能高质量地发生。

在《静悄悄的革命》一书中，佐藤学把倾听比喻成"接球"，有效的倾听就是接住对方的"球"，你来我往，从而在课堂上形成动听的"交响乐"那样的对话。会不会"接球"，是教师的专业素养的表现。接住了每个个体的"球"，就是展开了与每个人的对话。这里没有集体的"球"。你尊重了与你对话的人，也就尊重了群体，为群体树立了榜样。

如何让一个被教师抛回去的"球"，让所有眼睛亮起来，所有耳朵竖起来，这即是"接球"的全部奥秘！

这个奥秘的起点就是教师成为课堂倾听的示范者！

课堂深度学习中"被动的能动性"理解

阅读佐藤学的《静悄悄的革命》,对下面这段话特别有感触,摘录如下:

倾听这一行为,是让学习成为学习的最重要的行为。善于学习的学生通常都是擅长倾听的儿童。只爱自己说话而不倾听别人说话的儿童(人)是不可能学得好的。学习,一般认为这是能动的行为,但不应忘记的是,在能动的行为之前,还有倾听这一被动的行为。学习,是从身心向他人敞开,接纳异质的未知的东西开始的,是靠"被动的能动性"来实现的行为。

相对于教师教的主动性,倾听对于学生来说,整体上是一种学习的被动行为。往深处想,倾听需要"从身心向他人敞开,接纳异质的未知的东西"。这里包含着两个意思:一是倾听是学习的一种安全的、悦纳的姿态;二是对于课堂生态来说,倾听更是一种共生共长的社会关系。

从我的观课经历来看,以教师和少数活跃学生为主体的课堂还是要占据相当多的比例。教师意识不到倾听能力和倾听关系是学习深度发生的起点和基础。部分学生在日复一日的课堂学习中成为"沉默的大多数",成为"课堂河面"下的不为人知的"暗流"。

教育不是布道,不是正确知识的复制粘贴,而是点燃、激发,是师生生命与智慧的不断生长。

"被动的能动性"是以"被动性"为基础的。课堂天然的二元关系是教师教、学生学,教师主动、学生被动,但学生不是简单反复训练就可以获得某种能力的"巴甫洛夫的狗"或"斯金纳的鸽子"。

佐藤学说："我从学生那里知道了一件事情：如果学生愿意学的话，那一定会一直学下去。"

这是学习能动性的秘密。学生有学习的想法才会有真正的学习。

倾听才是深度学习的起点和能量保障。

倾听蕴含着最不为人知的、最被低估的教育学意义。没有倾听，就没有高品质信息的获取；没有倾听，难以形成思维的碰撞与交互性表达；没有倾听，完整准确、丰富的深刻的学习就难以发生。

要实现课堂学习的"被动的能动性"，教师是其中的关键变量。

课堂是一个常量的时空。在笔者看来，当下课堂中教师最需要的是努力控制自己讲述的欲望。如此，大篇幅的讲述会被充分提纯，空洞的对话会被引向深入，在相对从容的、有一定长度的时间里，学习的体验内化过程相对会完整和深刻。

教师要习惯在讲述中自然无痕地退出，要让学生的课堂学习忙碌起来，让学生之间因为学习形成相互的倾听。要真实地允许学生说出"听不懂"，真实地允许和鼓励学生把话说完。这是更高层阶的"被动的能动性"。

好的教学不会是"大水漫灌"。教师要尽量控制群体性的问答和回应。能带动学生能动性的教学，教师必然在课堂的面与点之间有着精准的节奏把控。

这意味着教师要投入地回应每一个学生，把每一个学生纳入自己的注意范畴，要着力与一个一个的具体学生，特别是处于教室视觉盲区的学生开展对话。

这意味着教师要在与个体的对话与回应中保持着倾听和关注全班学生的敏感，不让学生感觉到你的注意力已经从他身上游离。这既需要教师回应学生时点面切换的教学对话技术，也需要教师的悦纳和在意学生的悲悯胸怀。

在学习为中心的课堂场域里，教师作为课堂社会关系的首席缔造者，其倾听者的角色有时比讲述者更为基础。这也是课堂深度学习生态中教师角色的独特与伟大之处。

让教学朝向精准

——谈基于学情分析的课堂教学改进

学情,简单地说就是学生在学习过程中表现出来的基本情态。就一堂课的教学来说,学情可分两个阶段,一是课前的学情,二是课中的学情,后者是前者的延续与发展。

对于课中学情的把握与运用,我们一直讨论得比较多,最典型的就是构建以学为中心的"生成型课堂"。我们甚至经常把教师在课堂中的"顺学而教、顺势生成"称为教学的艺术。教师也往往把这样的课堂经历谓之教学生涯中的巅峰时刻。毋庸置疑,这类教学情境的创造,主要依赖于教师对于现场学情的敏锐把握。遗憾的是,这充满个人经验色彩的教学,往往很难进行有效的学理归纳和规律总结。因此,一线教师学习名师高超的课堂教学艺术,往往停留在欣赏阶段,很难进化到推广实用阶段。在笔者看来,期望通过学习名师的现场课堂来大面积提高一线的课堂教学质量,效果并不理想。

事实上,课堂的确是一个十分复杂的生态系统,学情会随着内容难易、师生交互、时空变换而动态变化。教师要精准把握学情,再以此为契机适切展开教学行为,并不容易。在日常的调研听课,甚至是观摩名优教师的课堂时,笔者经常发现这样的教学情景:学生明白的知识老师还在喋喋不休,学生不明白的却是隔靴搔痒、蜻蜓点水,或者只字未提。教总是离现场学情太远,无法落在学生的最近发展区里。这也就是我们的教学大面积地模糊混沌、效益低下的主要原因。

我们应该让教学朝向精准，通过合适的策略掌握具体学生的学情。笔者以小学语文课堂阅读教学为例，谈谈如何基于学情分析进行课堂改进。

一、课前学情是课中学情的前提和背景

与课中学情多变复杂、把握难度较大不同，课前学情相对稳定静态，且应对时间充裕，因此教师进行课前学情分析和应对更具有确定性，不仅可以大幅度提升对学情的判断能力，而且通过解读具体的学生，可使教学预设更加精准。据笔者观察，课堂中的有效生成，百分之八十以上是可以通过充分预设实现的。而这充分预设，首先源于对学情起点的准确把握。我想这是每一位老师都可以为之努力的。

但事实上，我们备课时对于具体学生的解读，大都是"说起来重要，做起来不要"，或者做起来没有把其放在应有的位置。成尚荣先生说得好：儿童对教师来说，既熟悉，又很陌生，而有时候，"熟悉"正是一种陌生。如果让"熟悉"蒙蔽了教育的眼睛，教师就会在陌生中迷失以至迷乱。这样的"熟悉"，说到底是蒙蔽了儿童。的确，在大量的一线教学现场，我们往往过于迷信自己的经验，在所谓的"熟悉"中失去了专业的、精准的判断。

就算在一些体现学情意识的教学预设中，我也发现很多教师对学情仅仅停留在对学生模糊笼统的整体性描述上。

如小学语文三年级《盘古开天地》的教学，有老师是这样分析学情的：三年级的学生已经掌握了一些识字的方法，能自学字词，读通课文。但学生往往注重感悟故事本身的神奇，忽视对语言表达的关注。

再如二年级《从现在开始》的教学，有老师是这样分析学情的：二年级的学生对于识字已经有一套自己的方法，但是在字音、字形辨析，以及词语的理解上，有一定的困难。

这样的学情分析显然是来自课程标准、教材、教参的概念化的公共话语。更确切地说，这样的分析只揭示了学生学习的应然起点。如果教学只基于这样的应然起点，面对差异巨大的学生去进行教学设计和课堂实践，其实际教学

效果可想而知。而我们的课堂教学，多年来，就是陷在这样的"泥沼"之中。

二、学情分析更要关注的是具体学生的现实起点

有一位老师曾在一篇《借下水文激发流动学生习作欲望》的教学叙事中这样写道：

我刚去支教时任教四年级的一个班，三分之二的学生作文写不到100字，其他同学鲜有成型的文章。上任之前，和学生聊起喜欢怎样的语文老师，一个学生直言不讳："喜欢少布置作文的老师，尤其不要天天写日记！写来写去就那么几件事，没什么好写的！"其他学生一听，居然产生了强烈共鸣，对作文表现得极其厌烦。

我觉得这样的学情分析才是真正从抽象的学生走向真实、具体、鲜活的学生。这样的学情分析才能让学为中心、因材施教的教学追求成为可能。

笔者在调研中深深地感觉到，当下由地区差异、家庭差异造成的学生学情差异，可能比以往任何时候都要巨大。面对这样的现实，更需要我们老师首先要心中有具体的学生，而不停留于概念化的判断。说得直白些，就是努力让优秀的学生不停步，让弱势的学生不失去学习的勇气，努力达到课程标准的要求。

奥苏伯尔有一句名言："如果我不得不把教育心理学还原为一条原理的话，我将会说，影响学习的最重要的原因是学生已经知道了什么，我们应当根据学生原有的知识状况去进行教学。"我想说的就是这个道理。

因此，寻求具体教学场境的实然起点，应当成为一切优质教学的应有之义。就一个班级来说，中等略偏下的学生的学情应当是一堂课如何教学的主要依据，因为这基本代表着更多学生的学习利益。

三、让"经验性"的学情判断多一些科学的思维

大量的教学现实告诉我们，要了解学生学前学情的真实世界，仅靠经验

判断显然存在着天然的缺陷。我从不否认老师经验的重要性，但是经验往往会陷入自以为是的窠臼。对自己的经验保持一份警惕，笔者觉得这是一位成熟教师应有的学术姿态。

浙江省优秀教师陈凤老师在执教人教版三年级下册第六单元《果园机器人》后写了教学反思：

科普类文章，我们首先要教学生如何准确检索、处理文中信息。因此，很多老师上课伊始，总是提问学生："果园机器人能帮果农干什么？"对于这个问题，课文第二小节明确写道："它们能把成熟的果子从树上摘下来，整齐地装进纸箱，然后运到指定的地方。"课文中写得清清楚楚，一读就懂的问题，有没有必要再教呢？换言之，这个教学内容有价值吗？

带着这样的疑惑，我将"果园机器人能帮助果农干什么？"作为本课预学单中的第一题。以笔者本学期公开教学的绍兴、杭州、铜陵的三个班级为例，笔者发现，接近一半学生不能准确捕捉文本信息。具体如下：

地区	人数	正确率
绍兴	43	51.2%
杭州	44	52.3%
铜陵	30	40%

从学生的预学单完成情况来看，学生主要出错在信息不全，有写成"摘果子"的，有写成"摘果子、运果子"的，也有写成"摘果子、装果子"的。为什么看似简单的问题，学生会大面积地出现错误？分析之后，我发现，三年级的学生虽已具备一定的提取多个陈述性信息的能力，但是他们仍是以整体性思维为主，缺乏自动的聚焦和细分的思维能力，出现这样的大面积错误自然也就在所难免。

有了这样的实证以后，我非常肯定地将"按顺序简要写出果园机器人的作用"作为本课的第一个教学内容。在具体的教学中，笔者确立了"再读修正、圈画聚焦"这一教学策略，帮助学生提升科普类文章阅读中的信息处理能力。

从这陈老师的反思中我们可以清晰地见到"预学单"在其中不仅是学生自主学习的支架，更是教师的学情探测工具。教师阅读预学单作业，重在搜集学生的原初阅读反应，再对比自己的经验判断，初步厘清什么是学生一读就懂的，什么是学生一读不懂的，什么是学生以为懂而事实上不懂的。

在这个万物互联、精准服务的时代，我们的教学比以往更需要实证思维、数据思维，通过适度的观察、访谈、问卷调查等，尝试用证据说话，用数据说话，努力还原学习的真相。

如笔者学员林志明老师在执教《凤辣子初见林黛玉》时对"在你眼中，'凤辣子'是个怎样的人？请说明理由"这一预学作业的学情梳理：

序号	学生的回答	人数	比例
1	是个有话就说、性格直爽的人，她跟黛玉说话的时候都是直来直往的，把心中的实话说了出来。	5	12.5%
2	是个热情、亲切的人，从"这熙凤携着黛玉的手""又忙携黛玉之手"可以看出。	10	25%
3	是个心地善良、关心他人的人，从"妹妹几岁了？可也上过学？现吃什么药？在这里不要想家。要什么吃的，什么玩的，只管告诉我。丫头老婆们不好了，也只管告诉我"这几句话可以看出。	9	22.5%
4	是个重情义的人，因为文中说："'只可怜我这妹妹这样命苦，怎么姑妈偏就去世了。'说着，便用帕拭泪。"	2	5%
5	是个漂亮、高贵的人，因为第一自然段中有一大段都在写王熙凤的衣着打扮，她穿的都是有钱人家才买得起的衣服。	8	20%
6	是个放诞无礼的人，因为刚开始她就在后院大声说："我来迟了，不曾迎接远客。"其他人都很安静，就她一个人说话。	2	5%
7	是个善于讨好别人的人，因为当她看见贾母喜欢林黛玉时，就一个劲地夸林黛玉，以此来讨贾母的欢心。	1	2.5%
8	是个泼皮破落户，因为她的姑妈死得早，没有人来照顾她。	1	2.5%
9	是个泼皮破落户，因为她穿得很华丽。	1	2.5%
10	是个文静的人，因为她"粉面含春威不露"。	1	2.5%

从上述数据中，我们可以看到，在没有老师的导引的情况下，学生大面积存在误读或浅读，其中回答1、2、3属于误读，5属于肤浅阅读。虽说学生学情必然是多元的，但是通过数据统计和证据呈现，我们可以从中寻找多元学情中的共性之处，即学生对王熙凤的误读主要根源在于缺乏对文本的前后联系和细节聚焦的能力。

在实际教学中，林老师以整合后的学生原初阅读体验为教学预设的起点，以"学习通过文本前后联系和细节聚焦的阅读策略把握人物个性"为课堂核心目标，引领学生细读文本、共享发现，取得了很好的教学效果。

再如绍兴市优质课一等奖获得者丁圆伟老师执教《珍珠鸟》时，事先给学生布置了这样一个预学问题："小珍珠鸟和大珍珠鸟谁更信赖我？请说明理由，并摘录支撑你理由的关键词句。"

经过统计分析，36位同学无一例外地认为"小珍珠鸟更信赖'我'"。他们认定小珍珠鸟更信赖"我"的主要理由是"文章刻画小珍珠鸟的语段多"，摘抄的关键词句则是课文中随处可见的诸如"小珍珠鸟在我的肩头睡着了"等显性表达的句子。显然没有一个学生关注到大珍珠鸟动作细节背后的情感变化，当然更谈不上体会本文以动作细节演绎主题的秘妙。

36位学生一致认为大珍珠鸟不够信任"我"，这就是典型的"学生以为懂而事实上不懂"。这样珍贵的学情，如果只凭经验判断，往往很难获得。在实际的教学中，丁老师以柱状图的方式向学生真实了呈现这一统计结果，并围绕着这一学情起点，引导学生做"阅读小侦探"，在字里行间玩味发现，最终明白大珍珠鸟一样十分信赖我。

由学生的真实阅读理解起点出发，经由教师导引，抵达更高层次的阅读理解，我觉得就是一种理想的阅读教学。

我始终认为，好的教学必然体现高度的个性化，必然是面对"这一类"，甚至"这一个"的教学。这样的面对，首先需要的是立足于教学现场和具体的学生，对"这一类"和"这一个"的学情起点进行实证解读，不断地深入和追溯学生学习情态的真相。教学是人学，充满着不确定和丰富性。好的教学的确是充满教师个人色彩的艺术，但笔者以为，教学首先应成为一种科学行为，基于实证、基于规律，才能永远朝向精准。

课堂教学的"静默"之道
——以语文课堂教学为例

中国传统书画中的虚空留白,音乐艺术中的"无声胜有声",都体现了虚实相生、化虚为实的艺术节奏。这样的虚,往往会催生出"烟波浩渺满纸前"的艺术张力。

课堂也是一种艺术,艺术是相通的。顺学而教,动静相生,应当成为理想课堂的应有节奏。换句话说,热闹与静默,当如课堂上"车之两轮,鸟之双翼",如若失衡,则失去了课堂应有的生态。

笔者近年来在课堂教学观察中发现,为了强调"学为主体",突出学生的主体地位,提升课堂中学生的学习频率和效益,不少老师往往以更大密度的外显性学习活动来加以强化,如语文教学中"人声鼎沸"的朗读、"层层剥笋"式的对话……热热闹闹、小手如林固然可喜,但静默寂然、潜心会文,有时未尝不是教学的另一种境界。

笔者以为,要回归课堂中合理的安静,继而形成动静和谐、张弛有道的课堂节奏,我们需要对课堂中的静默要素和运用策略进行分析与定位。我想以语文课堂阅读教学为例来谈,以供大家参考。

一、重视静静默读

一般而言,中高段学生的自主默读课文,是学习交流的起始和基础。离开了学生对文本充分的原初体验，课堂的对话未免浮光掠影。特别是文学性文本，给学生相对充分的时空去默读，去体会揣摩，这符合言语学习的基本学理。审视时下的语文课堂，教师往往在朗读上煞费苦心，却视默读如"鸡肋"。有人曾对第六届全国青年教师阅读教学大奖赛获奖课例的部分实录进行过一些分析，发现平均默读时间每节课只有2~3分钟。

语文课程标准在"阅读教学建议"中明确提出："各个学段的阅读教学都要重视朗读和默读。""评价默读，应根据各学段目标，从学生默读的方法、速度、效果和习惯等方面进行综合考查。"可见默读与朗读一样，对于语文教学来说，既是手段，又是目的。

我们对默读本身的确也需要引起足够重视，因为默读是最常态的阅读方式。默读既适宜于逐字逐句推敲的精读，又适宜于大致了解的浏览。可以说，没有一个文化学科的学习离得开默读。某种程度上，默读理解能力直接影响着其他文化学科的学习。更何况默读是伴随人一生的。我们每个人很难在日常阅读时高声朗读，默读是阅读的必然姿态。从这个意义上讲，默读比朗读更具有深远的现实意义。

默读能力的形成需要科学的训练。笔者在课堂观察中普遍发现，老师在安排默读的时候，往往只把默读作为一种手段，而很少把它作为重要的语文能力来考量。老师常常牵挂接下来"更精彩"的教学环节，而让默读匆匆走过场。但课程标准将其定位为一项能力，有着十分明确的要求和定位：

第一学段：学习默读，做到不出声，不指读。

第二学段：初步学会默读。能对课文中不理解的地方提出疑问。

第三学段：默读有一定速度。默读一般读物每分钟不少于300字。学习浏览，扩大知识面，根据需要搜集信息。

如上所述，因为认识上的不到位，我们大量的课堂只是让学生通过默读完成任务，却很少为学生如何默读提供支撑。

笔者以为，中高年级在布置默读任务时，起码要考虑默读能力训练的三个维度：（1）默读技巧方面，要求集中注意力，不出声，不指读。（2）默读理解方面，要求边读书边思考，学会圈圈画画。（3）默读速度方面，要求随着年级的升高逐步加快速度，每分钟不少于 300 字。

我们要厘清默读功能，合理运用默读方式。阅读主要有两种类型，一是信息型阅读，二是文学体验型阅读。而作为教学手段来说，默读一般具有提取信息、感受形象、体悟情感、记录感受等功能。信息型阅读需要学生拥有准确提取信息的快速默读能力；而文学型阅读则需要更多地品味体验，甚至需要在"咬文嚼字"中让文本语言充分撞击心灵，继而产生丰富的内部语言和思想。

据笔者观察，由于教材大多数是文学性文本，因此，我们的默读方式更多地定位为体验性默读，相对淡化了快速默读能力的培养。课程标准要求第三学段默读一般读物每分钟不少于 300 字，第四学段则需达到每分钟 500 字。信息时代的到来，已经让我们感到默读速度对生活和生存的重大影响。默读速度的培养，一方面需要教材做出重大的调整，大幅度增加非连续性文本等信息性阅读材料；另一方面需要在文学性文本的教学中，重视通过快速默读提取、整合文本的陈述性信息，为体验性阅读的开展打下基础。

二、学会静静期待

教育是期待的艺术，但我们的教学思维习惯于追求课堂表面的"行云流水""一马平川"。教师提问的"紧锣密鼓"，直接产生的是学生思维的"驱赶现象"，在这样的"驱赶"中，一部分学生就不由自主地掉队了。学生由于没有足够的思考，回答往往"浮"于文本的文字层面，多是碎片化的陈述性信息，而缺少有质量的结构化表达。

教学"浅对话""伪对话"，一个很重要的原因是老师缺乏倾听和期待的雅量。有些课看似几个问题学生基本上回答正确了，但仔细一看，那只是极小部分的课堂发言专业户，不过是"课堂冰山上的一角"。这样的课堂，沉默的永远是大多数。

对于提问等待时间过少，在笔者的访谈中，一些老师有自己的理由：一为了保持教学进度，确保课堂有一定的容量；二是出于保持学生的注意力的需要。但是，如果我们认同课堂是所有学生的学习场所这一常识，那么我们有理由反问一句：你的教学进度完成了，学生的学习进度也完成了吗？学生的思维的注意力保持了吗？

如《天鹅的故事》一课即将结束，老师提出这样一个问题："斯杰潘老人为什么把枪挂在肩头，悄悄离开湖岸，而且这杆猎枪在墙上一挂就是30年？"学生一时冷场，教师心里就慌了，连忙请班上的学习尖子起来救场，尽管他们并没有举手。由于没有给予学生充分的思考时间，学生的表述也只是只言片语，如"斯杰潘老人爱护鸟""斯杰潘老人很善良"等，这样的认识其实仍然停留在初读感知阶段，而这已经是课的结束阶段，需要的是认知和思维的提升与深化。

像上述教学，问题提出来以后，教师应当给予学生足够的思考时间，可以要求学生细细品读课文，同时注意倾听、判断、整合来自学生的信息进行引领。如学生交流到"利用下落的冲力，像石头似的把自己的胸脯和翅膀重重地扑打在冰面上"这一句时，可引导学生反复体会这是"硬碰硬"，而且接连不断地扑打，一定会很痛并要受伤的，但老天鹅却偏偏不顾及这些。如此，学生才能真正理解什么叫"破冰勇士"，才能被老天鹅生命的崇高之美震撼。也只有理解到这一层，学生才能理解斯杰潘老人为什么把枪"挂在墙上"，"一挂就是30年"。倘若思考时间不足，揣摩不透，忙于得出所谓的"结论"，学生会有什么收获呢？

美国学者罗威通过有关等待时间延长的实验发现，在那些把等待时间延长了1~5秒的教师的课堂上，发生了下列令人可喜的变化：（1）学生回答的平均时间延长；（2）学生回答的主动性和正确程度提高；（3）学生不能回答问题的可能性减小；（4）思考之后回答的现象增加；（5）基于事实得出的结论增加；（6）学生的提问增加；（7）学生做出的贡献更大。这无疑给我们那些教师"气喘吁吁"地牵着学生走，学生"匆匆忙忙"地跟着教师跑的课堂一记当头棒喝。

再如《卖火柴的小女孩》结尾处有这样一段话："第二天清晨，这个小女孩坐在墙角里，两腮通红，嘴上带着微笑。她死了，在旧年的大年夜冻死了。新年的太阳升起来了，照在她的小小的尸体上。……谁也不知道她曾经看到过多么美丽的东西，她曾经多么幸福，跟着她奶奶一起走向新年的幸福中去。"教师或许可以从故事情节的角度让学生去同情小女孩的命运，也可以从社会的角度让学生去探究她悲剧命运的原因。但有一位教师是这样处理这一段的教学的：他自己声情并茂地示范读了一遍，再让学生轻轻地齐读了几遍，之后，课堂出现了长达一分多钟的沉默！在一片寂静中，学生们的眼睛开始晶莹起来。尽管在这一分多钟的时间里，教师和学生没有任何一个动作或者语言的交流，但可以断定的是在潜心文本、忘我入境的平静下，学生的纯真和善良在奔涌不息。他们已经体察到了这段文字所包含的悲剧美：在虚幻中曾经如此美丽又脆弱的幸福……初升的"新年的太阳"本应带给人们新的希望和温暖，然而，它今天照到的，却是一具小小的尸体！

著名美学家王朝闻曾说："在独处宁静的情况下，壁上的斑痕也能引起我的注意，一经凝视，斑痕可以幻化为生动新奇的形象，它是平时构想不出的。"试想，如果不是凭借独处的"宁静"，会有如此审美的体验吗？课堂教学同样也需要给学生这份"宁静"，让他们"凝视"课文，才能使语言符号"幻化为生动新奇的形象"，才能使他们进入作者的情感世界，进入文本的内涵。因此，教师应当如乐队指挥，有着掌控课堂提问的足够自信，以足够的耐心给学生关注课文、品味言语、体验情感的时间。

三、关注静静地写

笔者在课堂观察中，深感课堂"动感地带"太多，而安静时间太少，特别是让学生安静地写更是缺乏。一些有听课老师的课堂，更是动感十足。笔者曾访谈过一些老师，他们认为公开教学热闹活跃是必须考虑的，不然下面的老师会坐不住。我觉得这些老师说的是实情。笔者的确在不少听课现场，遇到时间较长的课堂静默，特别是学生书写时，听课老师细细的嘈杂之声便四下响起。简单地说，真正的教学就是一个老师与一帮学生的事情。如果把听课老师也放在教学的考量中，这样的课堂，难免不纯粹，会有作秀之嫌。

学科教学的基本使命就是从学科的角度，不断刷新、培育学生的思维能力，把他们带向更高的智慧。但笔者不无遗憾地发现，那些看似师生交流频繁、学生显性活动量大的课，却不见得就是一堂思维含量高的好课。倒是一些看起来朴素平淡、相对安静的课，学生的思维却是敏锐活跃，课堂增量十分明显。

由此笔者想到，课堂不能只是关注追求表面上问答如流，热闹忙碌，更需关注涵泳内化、静静表达。书面的表达需要把内在隐秘、杂乱的言语，显性而有条理地表达出来，这是语文学习的高阶思维形式。课程标准指出：每堂课不少于10分钟的书面练习。我想这某种程度上就是对于语文教学基本规律的深刻认识。

同时，这种相对刚性的要求，还让我们感受到了国家层面对时下语文课堂的强烈焦虑。焦虑的是我们的语文课堂夸夸其谈，高耗低效；焦虑的是我们不断剥削学生的课外时间，以本来应在课内完成的书面作业习惯性占用学生的课外时间。《国家中长期教育改革和发展规划纲要（2011—2020年）》第四章第10条提出：减轻中小学生的课业负担，过重的课业负担严重损害儿童少年身心健康……率先实现小学生减负。作为一个有良知的教师，我们真的需要研究如何让这样的国家要求落地，做到既尊重学科规律，又为学生减负提质。2021年，国家的"双减"政策已正式落地，其力度前所未有。

对于一堂常态课来说，"作业随堂化"是个必然的选择。所谓随堂化，就是教师根据阅读教学目标，在课始、课中、课后相机让学生进行书面练习。以浙江省教材审定委员会通过的《小学语文课堂作业本》的使用为例，在笔者的调研观察中，有一些优秀教师就做得比较好。如课前让学生完成《小学语文课堂作业本》中的"看拼音，写词语"这类知识性题型，课中结合教学进程进行课文主要内容的梳理、重点句子的理解、写话练习等书面练习，课终则布置适当的延伸练习，如课文内容续编、课文段落仿写、自由抒发感想等小练笔，以使学习进一步深化提升。

笔者以为，这样的书写安排，不仅推动教学目标的达成，减轻了学生的作业负担，而且也优化了教学的节奏。当然，教育首先是一门科学。怎么呈现作业？呈现什么作业？什么时候呈现？怎样呈现效果最好？这所有的安排都要遵从学生的认知规律。好的课堂必然是根据学生的学习态势，进退有节，动静相生。

苏霍姆林斯基说："教室里一片寂静，学生都在聚精会神地思考，这将是课堂最真最美的时刻。教师要珍视这样的时刻，课堂上应当经常出现这样的寂静。"

课堂教学中的静默之道，我想首先是基于对学生学习规律的尊重，它绝不是一种哗众取宠的标签，而是对于更好的课堂教学的守望。

从"盐的故事"到一线课堂的理解

在"罗辑思维"里听到罗振宇老师讲到一则关于盐的故事,对我理解课堂的思维方式很有启发。

故事讲的是有一次印度爆发宗教冲突,印度政府委托当地的商人代为运送、发放救济物资。冲突平息后,商人把援助物资的账单报给政府结算费用。政府官员发现账单里有很大水分,但缺乏有力证据。后来统计专家通过研究账单,找到了一种东西,可以作为核实商人真实花费的重要依据。

那就是盐。

盐价格低,总量小,商人夸大虚报的动机不强。有了盐的真实用量,就可以推导出难民数量。知道了难民数量,再来评估食品、服装这些被夸大虚报的物资就容易多了。

在中国古代,政府一直坚持盐的专卖制度。由于盐人人都要用,用量小且固定的这个特点,历史上盐税的本质,不只是商品税,还是人头税(人头税是按人数征收的税种,有一个人收一份税)。政府可以通过盐的消费量,相对准确地得知人群的数量。所以盐税在古代,是收人头税最好的税基。

由此我们可以联想到许多专业领域的学问,要不断回到它的真实世界。有时候专业的学问形而上时间长了,容易钻入象牙塔,失去了这门学问本来该有的面目。比如经济学界的科斯,就提出要反对"黑板上的经济学",提倡回到真实生活的经济学。

同样,课堂教学作为一门学问,总结传播概念、理念或者提炼各种课堂风格自有它的意义。但事实上课堂教学一切学问的真实基础应当是一线教师的一线课堂。

据笔者观察，长期以来，我们的课堂研究的学术风气过于热衷于形而上的研究和传播，而对一线课堂的具体观察和研究整理严重忽视。这客观上也给广大一线教师一种错误的暗示或导向：公开课比常态课更有价值，公开课和常态课是两种话语系统。

这样的学问价值是令人怀疑的。

语文是基础教育的第一大学科，有人做过统计，八位从事基础教育的教师中就有一位是小学语文教师。语文学科，名师多，问题也多，一些学科顽疾，我从业三十年来一直存在，从未消失。

有意思的是，我发现在我职业生涯中阅读的关于小学语文的教研文章中，作者所引用和讨论的课例，几乎都来自各种赛课和公开课，特别是大型的公开课。其中包括不少我自己的文章。在论文中引用关注度高的公开性课例的确有着独特的学术讨论价值。但一旦成为群体风尚和偏好，就会导致群体性的学术偏见，而且传导至学科研究自身的各个环节，包括各类教材的编写。

某位著名的语文教育专家数年前在一次权威性的会议发言中，提出中国的语文教育现在是人文性过度了，工具性不够。这位先生的发言就是典型的基于大型公开教学的错觉。

真实的情况是中国的一线语文教育人文性不够！工具性也不够！

理解课堂，最重要的还是要回到一间间教室，坐到学生中间去。

虽然教室的物理环境大致相同，但由于学生的差异，可以说这世界上不会有哪一间教室和其他教室飘溢着完全相同的气息，遭遇着完全相同的问题。每个学生都在其中各自构筑着自己的学科学习世界。它的复杂性和丰富性足以令人着迷。

多做课堂田野研究才是研究学科教学应有的姿态。如果我们忽略了一线课堂的多样性和其中诸多小事的意义，只是一般性地议论课堂教学，那只能是空洞而乏味的。这样的教学议论只会贴标签和喊口号，它不可能给中国的任何课堂带来质的改变。

回到真实的、不完美的甚至丑陋的课堂，就是回到学科的广袤大地。这是我们出发的地方，也是我们终要回归的"天堂"。

重建课堂的研究范式

多年来，笔者觉得，我们的课堂是被遮蔽的，远没有被我们打开和理解。以听评课为例，我们习惯于坐在教室后面或者台下听课，这样做的最大局限是我们只看到全班学生的背影与侧面，捕捉到的学生学习信息相对单一、有限，甚至比较肤浅。

受到惯性思维和听课位置的影响，听课教师的关注点自然会更多地聚焦到老师身上。同时我们总以为我们认识的事实就是事实，但课堂远比我们想象的复杂，我们以为的真相往往并不是真相，或者只是小部分的真相。

笔者在一次听课调研过程中，观察一个小组的合作学习，小组学习的全程完全是组长掌握话语霸权，其他同学只做边缘性参与，特别是一位学困生完全被小组抛弃。但是组长代表小组的汇报效果很好，整个小组还得到了老师的表扬。

这些课堂理解的偏差实际上也导致了我们对课堂的改进隔靴搔痒，或者南辕北辙。

传统听评课的话语系统也存在天然缺陷，制约了课堂深度改进的可能。

一是重听评课者的原有经验，轻实证，尤其是忽视学生学习历程的实证。

二是重课堂整体，轻个体学生。

三是重教师如何在教，轻学生如何在学的全息样态。尽管我们都认同"以生为本""学为中心"，但事实上由于我们课堂观察的储备不足，所有的课堂评论话语都会不自觉地滑向教师的教。

四是重课堂外围表象，轻学习内部真相。课堂外围表象主要指问题的设计、文本的解读、环节的推进、作业的设计等。学习内部真相则主要体现在个体课堂中的学习真实历程，比如学生的具体学习困境和需求，学习结果的因果解释等。

要推动课堂深度学习的转型，我们的听评课迫切需要确立实证与经验相结合的课例研究范式。特别在当下，要推动听课教师用"蚂蚁之眼"去聚焦观察具体学生的真实学习历程。从一位老师观察一个学生开始，研究焦点学生学习过程中的关键事件，理解学生学习过程中的关系，继而形成阐释学习的完整证据链，从而反思改进我们的教学，实现以学生的学习历程引领我们的学习设计。

以笔者和绍兴市小学语文研学共同体学员参与的一次课堂观察工作坊为例，学员都认为这样的课堂观察带给了自己强烈的课堂认知震撼。一堂原本习以为常的课，因为课堂观察方式的转变，学员们对学生的学习有了不同以往的体认与理解。虽然所见有限，但因与学生同在学习现场，学生的学习波动就变得渐渐清晰，或被吸引卷入，或因某个事件开始防御、纠结、犹豫甚至放弃。课堂学习生态的生动性与丰富性被二十多双"蚂蚁之眼"进一步打开。

不进入课堂的真实内部，我们永远无法想象一位具体的学生课堂中真实的学习历程，无法理解学优生与学困生是如何在课堂中渐渐形成的。

推动课堂深度学习的转型，迫切需要学校形成真正安全的同僚性关系。提倡老师们把教室的门打开，提高相互听评课的频率，提倡基于课堂观察的实证进行课堂研究的对话，相互学习，而非评论优劣。

俯下身去不断观察学生，理解学生的学习困境和学习需求，不断反省自己，才有不断改进教学，实现课堂深度学习的可能。

第三章

相信思维的力量

教师真实成长的行动思维

教师的真实成长是相对于"假性成长"而言的。从我个人的观察来看，各级教育教研部门对教师个体专业成长的认定往往围绕着三个方面：一是考试成绩，二是各级赛课表现，三是论文、课题获奖情况。从简单的外显结果来推论教师的专业成长水平，是教师"假性成长"的重要动因。由此产生的不少各级各类名师，其专业的含金量其实难以匹配。

比如有的教师通过一堂获奖的公开课从此"一课成名"。在当下的课堂评优机制下，执教者考虑更多的是取悦评委和观众，学生其实只是中间的"工具"。因此课堂的过度包装和"表演性"就在所难免。更让人担忧的是"一课遮百丑"，因为能上好公开课，教师专业领域的其他问题都被掩盖了起来。

再比如有的教师通过写"论文"、做"课题"跻身名优教师队伍，写得漂亮，但是教学质量却不被认可。至于考试成绩，往往以一张试卷而定。因为教育教学工作的隐蔽性和长期性，以考试成绩论专业水平，其实具有较大的欺骗性。

教育的本质是实现学生全人的可能性发展。回到教育原点思考教师专业成长，我们不难发现，所有不基于学生发展的教师专业发展都是不道德的。

教师要实现真实的专业成长，首先需要热爱学生，对教育工作有深刻的内心认同。其次，我认为当下迫切地需要重塑教师专业工作中关于"实践""问题""成长"的行动思维模型。

一线教育教学工作是实践至上的学问，要实现教师真实成长，需要树立

"行动优于理论"的基本观念。

爱因斯坦说：未经思考的知识不是知识。对于教师的专业成长而言，我想说的是未经运用的教育知识都不是知识。作为一线教师，一定要有躬耕自己班级和课堂的基本姿态。这里是教师生长经验、成就为师者荣耀的真实田野。

明代大贤王阳明在阐述其著名的"知行合一"时有言：知是行之始，行是知之成。行之明觉精察处，便是知。知之真切笃实处，便是行。

按照王阳明的说法，知与行，不是先知后行，也不存在知行二分。知与行，原来是一体的功夫。王阳明的"实践哲学"对于我们当下清谈过度、信息爆炸、理念层出不穷的教育领域具有强烈的警醒意义。

教育理论要学，但是理论要还原和下沉到具体的教育教学工作中。同时，经由个体实践和摸索，教育理论的知识才会创造性转化和创新性发展。不管是多么酷炫的理论和策略，如果未能穿越你的教育现场，未能用于去解决你遭遇的问题，那么这样的教育知识必然是静态和惰性的，必然是容易脱落的脆弱性知识。

"研究"是教师专业成长的助推器。从我的从业经历来看，教师的专业研究生活中充斥着太多"去研究""伪研究""浅研究"等现象。

教师的职业价值和专业尊严首先源自自己的教学现场。回到自己学生的生命处境去研究问题、改进教学，成就学生，同时也成就自己。

因此，我们要正视教育工作中问题存在的价值。一线教育工作问题密布。简单地说，教师的专业发展就是在"打怪"中提升"打怪"的本领。

据笔者观察，教师的专业工作状态大致分两类，一类在舒适区，另一类在学习区。在舒适区的专业工作，一般只是原有知识经验的平面移动，真正的学习与改变很少发生。所谓的专业成长，其实就是要让我们的专业工作摆脱舒适区，进入学习区。特别是需要突破专业发展"高原期"的骨干教师，最便捷和最有效的方式就是聚焦、突破你遭遇的真实教育问题。这是成长真正的学习区。

基于教育现场的问题确立与解决，正是教师主动为自己的专业精进设立的某种挑战。在这种挑战性的学习中，你要发现自己的知识漏洞和思维缺陷是相对容易的。这样基于现实教育问题去研究解决，能让你的专业学习远离庸常的平衡和稳定。在不断的主动失衡中，你会主动建构起更高阶的专业能量。如此往复，螺旋上升。

笔者所在单位倡导的教师"学科教改项目"研究，对一线学科教师的问题研究有专业的路径设计：首先需要有发现问题的能力，能始终扣住学科教育教学中一个比较本质而又相对具体的问题进行探索。其次是要有解决问题的设计。再次，也是最重要的，需要有计划的、持续而有深度的行动跟进。最后能够以自身教学实践的实例与细节为基础，提炼个人对解决这一学科教育教学问题的看法，初步形成"个人理论"。如此往复。

这样基于问题解决的专业学习是一个蜕变的过程，蜕变意味着否定和升级自己的原有经验与认知。

最后我想说的是，生命有限，我们要和一些更好的东西打交道。一本专业的好书，一个业内公认的经典课例，一位值得追随的前辈，反复读，读懂、读透，直至影响到你的学术话语和专业思维。这可能无法带给你直接的名利，但智力与思维跃升的愉悦，就是对虔诚学习者的最大奖赏。

成长不来自低头的忙碌奔波。登高方能望远。不忘努力抬头，不忘努力伸长脖子看书、看世界。如此，方能解开思维之锁，解开心灵之锁。

我一直觉得一个人的视野会决定他能走多远。学着拓展自己的认知边疆，学着跳出自己狭窄的生存环境，站在更高的维度去审视、理解我们的职业、学科和自己的一生。

教师可能更需要有思维和心灵的自由。这样的自由首先来自你自己的登攀。

因为自由在高处！

教师发展中的思考力

在诺贝尔化学奖的百年历程中,有一个极富传奇色彩的大神——斯特·卢瑟福。他首先是一名国际著名物理学家,是原子核物理学之父、继法拉第之后最伟大的实验物理学家,曾认为"物理学是科学,其他所谓的科学不过是集邮"。但1908年,卢瑟福因"对元素蜕变以及放射化学的研究"获得了诺贝尔化学奖,成为他"一生中绝妙的一次玩笑"。

其实卢瑟福最传奇的,还是他作为一名老师的成就。在他的学生中,总共有丹麦的玻尔、德国的哈恩等10位诺贝尔奖得主,他的实验室也因此被人称为"诺贝尔奖的摇篮"。下面这个小故事或许能说明卢瑟福实验室的秘密:

一天深夜,卢瑟福偶然发现一位学生还在埋头实验,便好奇地问:"上午你在干什么?"学生回答:"在做实验。""下午呢?""做实验。"卢瑟福不禁皱起了眉头,继续追问:"那晚上呢?""也在做实验。"卢瑟福大为恼火,厉声斥责:"你一天到晚都在做实验,什么时间用于思考呢?"

勤奋遭到斥责,看似委屈,实际上大有道理。

这让我想起许多一线教师的工作场景:起早摸黑,加班加点,身心俱疲,以至于过去有人把教师比喻为只顾燃烧的"蜡烛"。其中自然有许多不得已的苦衷。但我还是要说,勤奋和忙碌固然可敬,但这却不是教师工作的基本特质。专业性才是。教师作为专业工作者,专业性才是其赖以存在的基础。没有专业性做支撑的勤奋工作更容易陷入盲目。

最可怕的例子就是"南辕北辙"。这样的事例在一线教育现场中并不少见。只是由于教育的长期性和隐蔽性,我们很难追责。

专业、思想、主见不是天上掉下来的,这需要建立在长期实践基础上的持续思考。

不愿思考,就难以改进,我们的教育工作就会在低水平的层次上持续徘徊。

我一直觉得作为一名教师,如果学生以后记住的只是我们和他们一起在课外玩游戏,或者只是记得我们如何关心他们,而记不起我们的课有多么吸引人,我们的知识有多么渊博,我觉得这会是我们职业生涯中难以释怀的难堪和遗憾。

很多时候,我们都像是一只在日子流水线上奔忙的工蚁。所有的时间淹没在仿佛短期看起来很有价值的忙碌之中。看似通过勤奋可以通向光明之顶,但事实上我们面对的是玻璃做的天花板。

缺乏思考的习惯,就没有思维的力量,就必会受到现有认知的局限。所以我们不妨记下卢瑟福对学生的训导。不妨忙中偷闲,留一只眼睛审视一下自己;不妨在夜深人静时,拿出时间进行一次人生的长考。

其实时间如海绵,挤挤总是有的。比如对于一个职场中的年轻人来说,起码需要时时思考三个问题:我必须做什么?我能做什么?我想做什么?

人生其实就如迷宫。这样的问题,问得多了,你就会慢慢建立起对自己的人生使命的认知模型。

对于一个教师的专业发展来说,这样的思考习惯更是决定性的。要成长就要会思考,尤其是自我反思。

以上一堂课为例。课上得不错,你可能就要追问自己两个问题:一是上得不错的地方在哪里?二是为什么能够这个环节上得不错?

如果课上砸了,依然是两个问题:一是哪个地方是你课堂上最不堪回首的遭遇?二是为什么会出现这样的问题?

这一类自我追问的思考,最忌讳把责任推给学生,而把自己从中摘除。无论遇到什么情况,教师永远是课堂的第一责任人。遭遇课堂失败,其实在一个教师的专业成长中,是十分宝贵和必要的经历。是抱怨,还是不懈思考寻求改进，一定是庸众和高手的分水岭。

数年前，绍兴籍小学语文名师罗才军老师代表浙江省去参加全国小学语文青年教师赛课，他抽到的内容是《伯牙绝弦》。作为他的导师，在准备的那段日子里，我和他约定，凡试教，必有反思记录，必交予我。那堂课最后的成功是全国历届小学语文赛课中难得一见的盛况。旁人看到的是他获奖的荣耀和日后专业上的风光，但我更清楚这一路他以反思内省为武器的披荆斩棘。他在《9月5日课后随笔》中说：

磨课及试教到今天，我比较坚守的这节课的基本方向有如下四点：

一是通过这节课的学习进行一次文化的传承。

二是通过这节课渗透古文阅读方法的学习和运用。

三是通过这节课增加文言文阅读的体验。以此增加一点对文言文的理解，甚至引发一点对文言文的兴趣。

四是通过这节课进行一种情感的熏陶和洗礼。

我的课堂试教至今的结果还是学生有一大半没有起来，没有被激发，被点燃，原因是课堂行进中没有集聚更多的人和更多的心参与进来！这是现在最棘手、最需要思考的问题。究竟原因何在？

我十分担忧的是这节课故作深沉，如何引发更多学生的学习兴趣？如何学得轻松又有内涵？如何把古文学出新意？如何让这死了的文本真正活在当下？这节课在语言习得上又可以有怎样的创新？怎样呈现出我们的创新却又不失课的凝重与古朴？

反思不只针对自己。作为一个教师，一个知识分子，独立思考应当是最宝贵的素养。一样需要反思的是还有许多看似成熟的外部经验和思想。对于权威和经典，要尊敬，但绝不能盲从。不要让自己的大脑成为别人思想的跑马场。对待外部的经验，当以我为主，择善而从。

熊培云在《自由在高处》一书中说："在一个广场上，人挤人，你不知道方向在哪里，但如果你站得高一点，看得远一点，就知道周遭的种种拥挤对你来说其实毫无意义。"

自由在高处。由此你会看到更多的人生风景。在相对的高处，你能摆脱底层食物链的拥挤。

因为思考的力量，你可以往相对不拥挤的地方去，你也可以对眼前的一切不合理说不，你可以让你的身心相对自由。

著名教师吴非先生说：不跪着教书。我深以为然。教师一旦沦为"教奴"，那真是巨大的悲剧。

法国思想家帕斯卡尔说："人是一支有思想的芦苇。"人的生命可以像芦苇一样渺小和脆弱。但纵然如此，人依然能够思考，获得思想高贵的力量。

教师更应该是善于思考的模范和榜样！

教育需要理性思维的砥砺

教师是专业的实践工作者。所谓实践工作者,就是我们是具体做事的人,做的是带领学生学习的事。如何把教育的事做好?不仅需要情怀,更需要理性与科学。

康德说:没有比理性更高的东西了。在我的专业工作经历中,总是发现我们这个群体的感性思维过剩,而理性思维不足。

一方面,这与我们的学习和生活经历有关联;另一方面是因为教育工作的特殊性。教育是人学,因学生而生,所以常被冠以"教育是爱的艺术"。但孤立地理解这句话,在我看来过于虚妄和缥缈。

教师理性思维的确立,首先在于我们要对教育工作的本质有更为理性的认识。对这个行业过多的感性和虚无的描述与抒情,在当下不但廉价,而且不合时宜。

确切地说,教育是一项情、理交融的工作。情怀和感性很重要,这带给我们源自人性的热爱和感动。但没有源自理性思维的诊断和引领,这样的教育大概率会成为乌托邦。

现代教师的爱应当建立在对教育本质理性把握的基础之上。

教育的本质往简单里说就是"成人"。作为基础教育,当以发现学生的可能性,并为这种可能性搭建平台、提供支持为主要使命。

作为老师,我们都认可教育有内在的基本规律!但环顾我们的教育现场,漠视教育规律的做法已让人见怪不怪。考试正异化为利益相关人的军备竞赛。于是有的拔苗助长,有的甚至不惜杀鸡取卵。学校把"育人"简化为"育分",把"学生"简化为"考生"。只要考试成绩好,一俊遮百丑。而对学生完整的身心发育、后续的可持续学习能力则缺乏应有的呵护和关照。

2018年8月底至9月初，我在清华大学参加关于教师教育的国培项目学习。清华名师、70多岁的张学政先生在给我们讲课时说：清华每年大概会有100人从本科转为专科，100人被退学。那时正是清华新生军训的时间。看到满操场军训的清华学子，看到每个操场上"无体育不清华"的著名标语，我的内心特别复杂。

我后来又专门去网上查了一组2017年中国名校退学数据：

复旦大学的退学率为12.1%，上海交通大学为9.3%，清华大学为7.6%，同济大学为7.1%，浙江大学为6.6%，南京大学为5.8%，北京大学为4.2%。

对于学生的学习，我们习惯于报喜。但对于忧，我们习惯于无视，更谈不上深刻的反思。这从我们一些学校高考成绩放榜后从各个角度发喜报证明自己成绩辉煌中可见一斑。因为没有理性反思的痛定思痛，所以改进问题一直步履维艰。我一直在想，如果有专家去访谈这些退学或未能如期毕业的学生，追溯他们的成长史，一定会是一部非常有价值的基础教育警示录。

规律是居于现象之上的理性和科学！教师的专业生命，应当是对教育规律追寻和践行的一生，是用自己的专业实践丰富教育规律表现形式的一生。大到学生德行形成的分析与追问，小到一个错别字的形成诊断与有效矫治，这都是教育的理性光辉，都是教育者赢得尊重的专业力量。

我们经常喜欢用"爱生如子"来赞誉老师。但有时这种"爱"因为缺乏专业理性的审视，而陷入标签化和肤浅化的"尴尬"。如果有点理性的复杂性思维，你会发现这既是越位，也不合适。就如某些领导"以单位为家"一样边界不清。

什么是真正的师之"爱"？就是帮助学生更好地成长！用老师的方式，而不是家长的方式！

教师的"爱无力""爱无能"在教育工作中并不少见。过去我们熟悉的以"没有功劳也有苦劳"来评价教师的思维方式是时候该摒弃了。

教师要赢得真正的尊重，必须是因为我们的专业性，而专业的意味就是不可替代。

优秀的专业水平是一种高尚的师德，但这最需要理性思维的砥砺与滋养。

教师学习中的理性思维运用

王阳明说:"吾心自足","人人皆可成为圣贤"。身为教师队伍中的一员,我们天然有一种成为良师或者名师的冲动。但只有冲动、愿景或者口号还远不足以能支撑教师的向上成长。

在我看来,人的核心素养大概由三部分组成:价值观、思维方式和身体素质。如果以一列火车打比方,价值观是火车头,把握的是方向;思维方式则是动力系统,提供的是各种复杂情境下前进的动力;而身体素质则是一列火车的硬件系统。任何行业的高手都会有高于常人的思维方式,教师也是如此。我们研究和提倡教师的专业学习,核心就是发展教师的思维方式,特别是教育工作中的理性思维。

人的大脑由两个思维系统控制:一是直觉系统,依赖直觉和经验,毫不费力;二是理性系统,需要调动理性、刻意思考,会消耗大量脑力。人的所有行为,都是这两个系统合作的结果。

但人脑非常懒惰,大多数情况下,我们会倾向于无条件接受直觉系统的判断,而不是调动理性思考。这也是很多人遇到教师嗓音动听、表达优美,就被自动吸粉的原因。再如在日常生活中,我们常会因抬杠不由自主地产生负面情绪,最终陷入意气之争。

法国著名社会心理学家古斯塔夫·勒庞的名著《乌合之众——群体心理学》其实就是对人类这种思维习惯的洞见。

记得我自己在一线做教师的时候,非常崇拜一位老师,觉得他的课、文章、讲座无一不是语文教学"真理"的化身。我追踪他所有的学术成果,并为他建立档案。时间一久，自我感觉发现了他的学术思维漏洞。于是开始对他失去兴趣，转而去追逐更有专业思维含量的名师。当然这并不是他的过失，他用自己的专业生命为这个领域提供了一种解释和可能。

这也使我后来认识到，所有的专业学习，其实都是一种"偏见"学习。每一种"偏见"，都如一缕缕照亮我们某个领域认知黑暗的微光。

所谓的向名师学习，就是让这样的微光照亮我们的教育认知角落，学得多了，我们的认知世界自然会越来越亮堂，我们的教学行为自然会越来越有力。

有理性思维的自觉，你面对成功者和成功经验就会多一些冷静，特别是对网络世界中的各种"鸡汤"保持清醒。

有理性思维的自觉，就不会因为谁是行业大咖，而思维匍匐；也不会因为谁是菜鸟，而觉得一无可学。

教师的专业学习要重视理性思维，还因为教育的世界是问题密布的世界。每天早晨睁开眼，我们就像是在游戏中打怪一样，要去面对各种无法退避的问题。

问题取向的教师的专业学习体现在三个方向：一是解释教育问题，二是解决教育问题，三是提出教育问题。

教师遭遇的问题都是客观真实的，其处理的路径无外乎去分析解构、去尝试解决、去总结追问，而这些无不需要理性思维的力量。

热情会驱动我们开始和投入，但一定是理性让我们最终把事情做成。感性和直觉当然很重要，可以让我们淡忘人生太多的问题与不快，由此而来的愉悦与幸福是我们自我存在的重要意义。

但人生若没有可以进一步认知的"痛苦"，没有进一步往上成长的"痛苦"，那可能会是最大的痛苦。我在观看著名电影《楚门的世界》时，强烈地认识到这一点。

当感性过剩时，我们需要理性来进行清醒和疗愈。不仅是教师学习，世事概莫能外。

专业学习要有还原思维

教育是以实践为中心的。理念和经验的学习,如果想用于指导和影响真实的教育世界,就需要在学习过程中多一些还原思维。

一、经验学习中的还原思维

所有个人的缄默经验一经表达,它必然已经通过个人的思考并完成了过滤和选择。就如同一棵长在土壤中的草被连根拔起,然后又被充分洗净,展现在我们眼前的只是草的植株和根须,那些脏乱难看的泥土和杂物已经消失了。我们可以通过表达来进行交流的经验也是如此。那些经验赖以生长的土壤和背景总是被低估和忽视。

我们在表达经验时有一个常用词汇——"提炼"。但对于经验的学习来说,这是双刃剑,往往成也"提炼",败也"提炼"。"提炼"会删除许多细节信息,特别是背景信息会被大量删除。概念能够帮助经验取得共识,但当经验依附于各种概念后,经验的表达又常会偏离它的本来面目。

好的经验学习,一定要回到经验的现实处境与背景中去思考。这也是当下教师教育中"影子学习"越来越被重视的原因。

同理,我们学习名校办学经验,也需要回到这所学校的历史处境与现实处境两个维度上去思考、审视它的经验发展。

如果抽离经验发生的土壤和真实处境,这样的经验学习容易水土不服,出现"橘生淮南则为橘,生于淮北则为枳"的现象。

二、理念学习中的还原思维

理念处于人的认知系统的上位，它是古往今来实践与经验的反复提纯。相比经验而言，理念更简洁，也更高冷。回忆我的中等师范学习经历，如果说有对教育作为专业的最直接感知，那便是从考记《教育学》教材中的枯燥理念开始的。三十年的职业经历，让我深切地感受到教育的理念不是为了让我们记忆，也不是为了让我们相信。它可能是地底的基石，也可能是远方的灯盏。理念的存在，是因为我们的实践和发展需要一定的准则和边界。

文明社会中的每一个人，其实都生活在被折叠过的系统里面。无论是一台计算机，还是一间被称作教室的房子，都是一大堆的复杂性折叠成的产品和概念。同样，看似由几个汉字组成的、再简单不过的教育的理念，其实更是一种复杂的教育认知折叠。

比如我们现在越来越觉得课堂中"倾听"很重要，尤其在课堂深度学习的语境里，它不再是一种能力的描述，更是一种基于课堂社会关系建设的理念。作为一个教育学中的概念或理念，"倾听"就是一个典型的被折叠过的认知系统。因为这样便于个人的记忆、思考和与同行的交流。

但如果你要把理念还原到现场，想让班级的学生有倾听的素养，就不是那么简单的事。作为一名老师，如果你只会在班级中和学生强调"倾听"，强调把"小耳朵"竖起来，纵然你喊上无数遍，也一定收效甚微，甚至无济于事。

从真实做事的角度看，如果要让学生学会倾听，就必须不断展开那个被折叠的"倾听"的概念。比如：什么是倾听？学生如何倾听老师？如何倾听同伴？如何创造适宜倾听的课堂环境？教师应该做什么？倾听与其他学习能力怎样联系？……这样的展开越充分，意味着你对理念的认知越充分，就越可能还原到真实的教育情境，越可能在课堂中让学生学会"倾听"，享受到"倾听"带来的学习红利。

所有的经验或者理念，它们都源自真实的教育世界。教师理应是终身学习的反思性实践者。在漫长的学习过程中，对理念和经验多些还原思维的警醒，能够让学习与真实世界、专业生命建立起更紧密的联系。这样的学习，会让专业生命更具完整的意义。

以跨界思维拆除"学科本位"的藩篱

教师专业发展中的跨界思维，就是跨越自身学科、专业界限的知识及思维，以更大的视野，多视角、多维度来进行认知和思想。

世界本是混沌的整体，但随着社会分工越来越细化，我们追求目标越来越精确，差异也就随之加大，于是产生了各种不同的边界。比如老师们常说"我是教某学科的"就是一个典型事例。

对于一位学科教师来说，如果其认识只是死守学科的边界，那么思维的空间就会受限，就会离教育和世界的真相越来越远。

教育的本质是促进学生的全人发展。教师适度进行跨界思维，能帮助我们在更高的维度上看到育人的意义和本学科的价值。

一次在网上看到一则材料：

一位数学老师上《概率论》这节课，一开始并没有直接讲概率，而是引用了《红楼梦》第62回合里探春所说的一段话："倒有些意思，一年十二个月，月月有几个生日。人多了，便这等巧，也有三个一日，两个一日……今儿巧了，宝玉、宝琴、平儿、岫烟四人都过生日。"

一个数学老师讲《红楼梦》就先把学生唬住了。然后就几个人同一天过生日进行提问："你们觉得贾府里的这四个人在同一天过生日，是巧合还是非常容易出现的事情呢？"老师就这样巧妙地把问题指向了概率。

学生讨论后，老师引出其中存在的概率问题，接着阐述"什么叫概率"以及概率的定义。然后再问学生，想不想知道这是一个大概率事件还是一个小概率的巧合？怎么去验证探春说的话是否正确？于是就引出了这节课重要的知识点——如何计算概率？

把理性严密的数学知识跟学生已有的文学阅读体验建立起联系，这样的跨界不仅适切，而且很好地制造了教学的陌生化效果。

一位好的学科教师，往往身上有着浓厚的学科气质。举手投足，谈吐交流，无不散发着学科本身的特有气质。比如语文老师生动幽默、数学老师干练严谨、政治老师雄辩较真。

但有意思的是一些顶尖的老师身上往往有着与本学科看似相反的修养与气质。比如文科名师具有严谨的理性思维，而理科教师却有着令人叹为观止的丰厚人文修养。

比如中学数学界的大神级名师孙维刚老师通晓多国语言，数学、物理、英语、体育、音乐样样精通。他在论及如何教数学时说："八方联系，浑然一体，漫江碧透，鱼翔浅底。"报载孙老师有一次写出 α、β、γ 时，可以从希腊字母讲到希腊文化，再讲到欧洲、二战。一堂数学课，孙老师可以讲到历史、军事、世界局势、地理风情、唐诗宋词，讲足球、篮球，也可能随机转到物理、化学、俄语、英语，乃至田径、音乐，从初等数学讲到高等数学，追溯数学史又展望现代数字发展。孙老师长期教数学当班主任，又兼教过物理、历史、地理、音乐，任过校排球队、乒乓球队、篮球队教练，做过手风琴伴奏。

再如浙江的著名物理特级教师姜水根老师在美学和哲学上的造诣。据熟悉他的老师讲述，姜老师能从音乐节奏与旋律的既重复又变化、美术的透视关系的错落有致、诗词格律的粘对和对仗关系，穿越到时间平移对称性、空间平移和旋转对称性、时间反演对称性，再谈到科学规律的对称与破缺的科学美。更让人赞叹的是他还能对高中物理教学的诸多方面进行全面的哲学上的审视和总结，并在哲学的权威刊物上发表。姜老师曾经将科学史上的许多物理学家及科学实验写成七律，并写成《物理教学的诗情》。

在一切都快速发展的当下，学无边界其实已经并不新鲜。我们虽然已看到一些学科跨界课程，但在相对保守的学校系统，也就只是一些点缀。

其实我们可以多做一些尝试。比如在学校学科教研活动中，我们就可以邀请不同学科老师来上课、观课、议课。每一个学科都是世界一个维度的反映。不同学科的思维方式会从另一个维度丰富和刷新我们对被观察学科的认识，也有助于我们对世界的更加完整的理解。

以下是我在网上读到的两位芬兰教师执教课例的概述：

从上午 8:30 开始，一直到下午 1:30，两位老师带领学生围绕"动物"这一主题，给学生上了英语课、音乐课、数学课和手工课，连课间的游戏活动也是围绕着课上学到的有关动物设计的。

英语课：老师拿出各种动物卡片，展示给学生，教学生认识每种动物的名称。然后，老师为大家读绘本。

数学课：学生被分到 4 个不同的区域——拼图、七巧板、动物计算和数的游戏。拼图组的学生们通过扔骰子，识别上面的数字总和，再来到标有相应数字的素材桶里找到拼图块，一起拼成一只动物。拼图上，有松鼠、海鸥等各种动物，辅以简单的数学题。

美术课：老师指导学生用不同的材料，不同的配色，通过揉成团、围外框等将自己喜爱的动物变得更立体。

这样的跨界教学，个人觉得就可以刷新我们固有的学科本位的认知。对于学生来说，这样的学习是否会更具有认知的完整度和鲜活度，而不只是"罐装的"、静态的、相对碎片的知识？

一个学生站在我们的面前，既有过去的学习经历，也有未来的学习之路。

除了学科跨界，学科教师还应当适度学段跨界，了解除本学段之外的其他学段的理念与方法。这是我们进行合理教学的重要背景，对于理解本学段、本学科教学在学生学习生涯和学科体系中的位置是极具价值的。

跨界思维，不仅仅局限在学校系统，还可以把视角延伸到校外，延伸到更广阔的社会。在这样一个未来已来的世界跨界，就是要打破我们固有的思维壁垒，为教育教学工作带来创新的空间，衍生出新的知识和意义。

学科研究现状的批判性思维观照

作为圈内中人,我真切地感受到了中小学学科教学的研究长期以来存在着"黑洞现象"。这个黑洞就是忽视一线教学的最基本问题。在我看来,我们的教学研究主要陷入了两个黑洞:一是我们的专家名师热衷于去提出自己的教学主张、教学模式、教学风格,但对本学科的学习,特别是课堂的学习如何发生的探寻避重就轻。二是学科研究热衷于追逐热点、兴奋点,常常忽视了学科课程的基本使命和原点价值的坚守。

如果不聚焦、不研究、不尝试着解决中小学学科教学的核心问题,教学质量就无法大面积提升,或者说无法保底。久而久之,问题就变成了"黑洞"。看似各学科教学经验层出不穷,令人目迷五色,但其实大批一线教师常作壁上观或无所适从。

常听一线老师说听名师专家的课和讲座往往是"听着心动,但回去往往一动也不动"。其中固然有听课教师的懈怠。但我们的示范课和学术主张不接"人间烟火"也难辞其咎。

对个人来说,如何发展和丰富自己的学术话语系统,本就无可厚非。但对于真正的名师来说,如何通过自己的学术研究,让学科的规律更加彰显,让更多的老师更加专业,让更多的学生学得更好,则是应有的生命格局与专业担当。

中小学的学科学术研究要避免曲高和寡,和一线教学油水分离的尴尬!今天中小学名师的学科学术研究与课堂展示要多俯下身去关注教学一线的共性问题、基本问题,让一线老师们在学习中看到解决自己教学问题的路径和曙光。

多年的职业经历让我坚信，尽管教育的现实生活有种种不堪，但没有一位老师是不愿让自己的教学变得更好的！他们最缺的是支持——明确的、持续的、科学的专业支持。

近年来技术的迭代加速发展，不可避免地改变着我们的生活方式和思维方式。技术也同样塑造着我们教学研究的话语系统。毫无疑问，其中的一些话语会脱落，另一些话语会萌芽、会生长。

发现和追逐是人类的本能。但学科教学研究始终要求真、求善；始终要警惕空虚浮泛，坐而论道，急功近利；始终要警惕有小部分教师只把学术的研究窄化为逐利的工具。

人之一生，常会陷入这样的困境：看起来已经走得很远，但却忘记了为何要出发。

对于学科教学的研究与实践来说，我们的努力都应当是为了对学科于人的原点价值和学习规律的深切把握与不懈改进。

学科教学要有底限思维

——以小学语文为例

任何学科教学的研究与实践，首先要下沉到学科的底部，看到学科的核心价值和内部逻辑。这既是本学科学习的存在意义，也是区别于其他学科的独当之任。只有如此，我们才可能有学科教学的底限思维，才有可能在实践中遵循这门学科的学习最基本的运行规律。

下面以小学语文为例，来进一步谈谈对这个问题的认识。

2003年，随着全国第九次课程改革，我从一线教师转岗为一名地市的小学语文教研员，那年我才32岁。在工作中，我发现小学语文"理念多""口号多""主张多"，一线教师很迷茫，其实年轻的我也很迷茫。

作为一名区域的学科领头人，对这门学科没有本质上的清醒理解和把握，是十分危险的。

在一段时间的学习和调研后，我终于在于永正老师的观点中得到启发，在花样繁多、迷雾丛生的语文思想丛林中确认了"读好书，写好字"是小学语文学习的底限，并在相当长的一段时间内作为我小学语文教学教研的行动哲学。

岁月流转，每一个时代的学科教学，都会有新的挑战。但现在回看，"读好书，写好字"的小学语文底限思维，依旧需要坚守。

以"读好书"为例。处在这样一个迭代加速发展的时代，效益最大化已经越来越成为我们的做事信仰。阅读也如此。如果阅读不能直接提高考试分数，在不少成人的世界里，会被有形无形地打压。

可以说今人读书如投资，都希望收益最大化。可实际上，学语文没什么捷径可走，语文素养的形成，基础是阅读，这是一个从量变到质变的过程。

首先是有阅读兴趣，然后就是多读书、肯思考、勤写作。阅读是丰富学生的语言经验的主要方式，也是扩展见识的主要途径。至于和作文的关系，以下欧阳修和曹文轩的观点可以作为参考：

《东坡志林》里提到，有人问欧阳修怎么写文章，他说："无它术，唯勤读书而多为之，自工。世人患作文字少，又懒读书，每一篇出，即求过人，如此少有至者。疵病不必待人指摘，多做自能见之。"这样的大白话，是经验之谈。

安徒生奖得主曹文轩先生指出：中国作家输给世界上其他一些作家，就输在读书上。他还连续发问："你不阅读如何发现经验？你不阅读哪有生活的阅历？你不阅读哪来的审辩能力？你不阅读哪来的想象能力？"曹文轩先生总是送青少年一句话：阅读和写作的关系，就是弓和箭的关系。阅读是弓，写作是箭。

北大中文系前主任温儒敏先生关于语文教育的两个论点，我深表认同。

"语文教学的本质还是多读书。"

在语文的概念被弄得很混乱的当今，重新提出这个朴素的道理，从"多读书"的角度去阐释语文学习的本质，是有现实意义的。

"听说读写，哪个最重要？读最重要。"

阅读还是真正落实立德树人，让核心素养落地的基本路径。有了读书的兴趣和习惯，很自然就能带动全科教育，把人义教育和科学教育等带动起来。

国家语文课程标准其实说得非常明白：要重视培养学生广泛的阅读兴趣，扩大阅读面，增加阅读量，提高阅读品位。提倡少做题，多读书，好读书，读好书，读整本的书。

读书是取得精神和智力成长的主要营养源。苏霍姆林斯基说："无限相信书籍的教育力量，是我的教育信仰的真谛之一。"在其名著《给教师的建议》一书的100篇文章中，就有38篇是关于阅读教育的论述。他认为阅读可以丰富学生的精神世界，促进自我教育，培养开发智力，构建智力背景，减轻学业负担等。

我们学习不仅是为了上更好的大学，更重要的是能够有能力应对未来复杂的世界，对人生有感知幸福和抵抗困难的力量源泉。有了读书的兴趣，学生的终身学习能力才能建立起来。这就是学科学习坚守底部思维的巨大的力量。

多年来的语文教研工作，我投入精力最多的也是引导老师重视培养学生好读书、读好书的意识。哪怕是对于语文试卷的命制，我也坚持要想办法让喜欢读书，读了大量书的学生得到展现才能的机会。

学科教学和研究在任何时候都需要正本清源，穿越外在的形式，坚守住朴素、纯正的学科核心立场。

至于"写好字"，在我看来是语文学习更为朴素的要求。从大的层面看，"写好字"意味我们中华优秀传统文化的传承，意味着汉语审美趣味的熏陶。对于个体来说，端正、美观的汉字书写直接关联个人的文化修养和未来各种文化学科的考试成绩。作为一名语文教师，深感一手好字都能带来诸多好处。但现实是课改那么多年，我们依然没有看到学生写字质量的大面积提升。一些学生能写一手好字，基本上要依靠课外的"加餐"。加强小学语文书写指导研究，加强各学科协同，强调"提笔即练字"，在当下仍具有重大的现实意义。

任何学科教学都有基本的规定性，这反映的是学科的基本规律。作为学科研究者，要主动远离虚浮烦躁、坐而论道的虚假之渊，要始终围绕着学科的基本问题和基本规律去寻求教学的改良。

坚守学科的底限，其实也是坚守学科教师最后的教育良知。无论什么时候，学科研究者都需要在学术和实践两端，摒弃形式主义，回到一线现场，回到教育的本质和学科的基本规律上来。

课堂理解中的"黑匣子思维"

在马修·萨伊德所著的《黑匣子思维》一书中读到一则真实故事。

1978年12月,美国联合航空公司173号航班从纽约起飞,要在波特兰市降落。降落前,指示灯显示前起落架没放下。机械师提醒机长说只剩5%的油了。机长很有经验,说5%的油至少还能飞15分钟,当务之急是搞清楚起落架究竟放下没有。其实对机长来说,起落架不放下,他也照样能安全降落,但他不想冒险。机长不断想办法,正琢磨呢,一看表:坏了,15分钟时间到了。

可以说每个领域,都有过于迷信经验,然后"老手翻车"的事故。

教育领域也不例外。以课堂为例,没有一个名师敢说自己的课堂没有"翻过车",没有过令自己至今难忘的遗憾和缺陷。这样的缺陷往小里说是教学失误,往大说就是教学事故,但教育教学不似医疗和航空性命攸关,加之其具有普遍性、滞后性和隐蔽性,因此很难真正引起整个行业的追问和研究,自然也难以真正大面积地被当事人重视,或者说当事人也很难用有效的手段来进行纠偏改进。

在航空业有强制规定,所有飞机上必须配备两个黑匣子,它会将全部操作过程记录下来。专家通过对173号航班的黑匣子进行分析,发现一个重大问题:人在紧急状态下,会感到时间变慢,操作者觉得时间足够,可事实上时间已经耗尽。这不是操作者的问题,这是人性的缺陷,靠训练之类恐怕也解决不了。所以航空公司为此专门设计了一个"四步提醒制度",自1978

年的173航班之后，再没有民航客机因机长忘了油料耗尽而坠毁。这就是进步。

教育不是理念的推理，也不是观点的演绎，而是实践为主的领域。课堂有时可能也需要这样的"黑匣子"，把课堂的过程全程记录下来，通过复盘拆解进行课堂的深度理解。其实这在技术上，已经不存在任何问题。有些地区甚至已经实现了区域课堂的全程监控。领导和专家可以随时随机抽查任何一个学校的任何一间教室的教学实况。

我个人并不赞同"全程监控"。在我看来，这样的技术可更多地运用在记录教师的课堂进程、积累课堂数据、形成课堂比较研究上。这样好的技术可以连续地为每一位教师进行课堂记录，由此我们可以针对需要进行各种线上线下的混合式课堂会诊，以洞察老师的经验和失误，洞察学生学习的真实历程。

课堂的理解与改进要加强实证意识，加强对具体教学失误的拆解和分析。如果有团队的参与，更有利于形成如医院诊断的课堂"病理切片"。这对教师减少自己的教学失误，尤其是一些惯性的失误，具有重大价值。

一位教师要改进自己的课堂教学，就一定要有直面自己的课堂，深入课堂内部真实世界的勇气。

我动念写这篇文章，不是要拿课堂和航空简单类比，我想说的是，教师作为教育的专业人士，要多一些教学研究的理性，多重视自己的各种课堂证据，从而学会审视自己的课堂错误，珍惜错误给予我们提升自己的机会，而不是在自以为是的经验和感性的鸡汤里迷醉和麻痹。

面对复杂的课堂世界，多一些"黑匣子思维"，就是给教师发展以更准确和真实的力量。

学科教学研究的基本思维

——兼评浙江省嵊州市逸夫小学的学科小课题研究

教学质量是学校的生命线。如何让学科教学减负提质，需要学校和一线教师扎实、真实、朴实地研究。但据笔者观察，当下我们很多的教学研究还处在"伪研究"的状态。"玩概念""树山头""尚清谈""和稀泥"的"纸上研究"做得多；重实证、求改进、问学理、有招数的一线教学现场研究太少。浙江省嵊州市逸夫小学在这方面给我们做出了示范。他们近十年来，以学科小课题研究为突破口，制心一处，专注发力，成绩斐然，其持久体现出的学科教学研究的思维方式值得我们关注。

一、聚焦真实、可行的教学问题

教育首先是科学，科学的第一要义就是求真。学科小课题研究要指向自己遭遇的真问题，这应当成为一个常识。但在我们的一线教学研究中，有价值的真问题往往被遮蔽和无视。世界是充满缺陷的。坦率地讲，学科教学的问题比比皆是，除了一些共性的问题，还有很多具体到校、班甚至学生个人的个性问题。在如此众多的问题中，弄清楚什么问题最需解决，而且通过努力能够解决，是小课题研究中面临的首要问题。

逸夫小学深谙其理。学校专门形成了教学问题收集的"文件夹机制"：每个备课组指定一名问题记录员，把集体备课和日常教学中遭遇的问题记录在"我们的教育教学问题记录表"中，再上传至校内网教科室为各备课组设置的"文件夹"中。大家再通过比较、整合，寻找具体问题作为小课题的研究主题。同时把问题资源向下一个年级的备课组移交。可以说，这样的问题发生机制，充分保证了问题的真实性和可行性。

对于一所学校来说，相对宏观的教学问题往往只能暂时搁置，但在微观的领域却可以大有作为。说得形象点，一线教学研究就是一点点"往前拱"，以微观研究量的累积来撬动相对宏观问题的改良。

二、指向提升教学生产力

严格地说，教学研究如果不以提升教学生产力为价值取向，是不道德的。教学研究的核心价值就是要让学生的学习更加科学，寻求更加贴近学科规律和儿童的心理逻辑的教学通道，从而节约师生生命成本，提升学生学习的效益。

小课题研究属于田野研究，寻求改进教学现场是其核心的话语特征。逸夫小学创造地把问题的解决归结为"寻招"。第一阶段是备课组每个成员分头通过三个途径"寻招"：（1）查文献，寻找别人的"招"；（2）谈经验，梳理自己的"招"；（3）提出原创的"招"。"三招"填写到"问题解决'招数'表"中。第二阶段是"磨招"。"招数"研磨，是对经组内集体商议确定的"招数"进行二次以上的课堂实践和反思。"寻招"之路，体现的是学校教学研究的"贴近地面行走"的务实态度。

这样的态度，还体现在学校的课题成果的交接制度。

在年年搞课题，年年老问题，结题就是结束的课题研究大背景下，逸夫小学的课题成果交接机制值得称道。无论交接的是作为成果的"招数"，还是未待解决的问题，都能沉淀为学校下一轮研究教学、改进教学的实证。我相信经由岁月淬炼的教学研究，一定能成为学校的品牌或者核心竞争力。

我还注意到在成果交接中，课题组把研究成果从报告变为使用手册。如《易错字调查手册》，把所有的易错字按照课文的单元进行编排，把易错点和纠错策略进行梳理，一线老师拿到手册，只要随便一查就能够查到某个字的易错点和干预点，方便实用。这样主动挤干水分、指向实践的操作手册，对于一线教师的确是最需要的。某种程度上，这也是学校管理者教学底线思维的呈现。

让研究滚动发展，让成果迭代出新，我想逸夫小学给我们呈现的应当是学校教学研究的新常态。

三、形成基于团队的教研文化

每一所学校都有独特的校园文化，但教研文化应当成为其中的核心，这是教师专业发展的土壤和空气。土壤丰厚润泽了，空气合适了，各色种子自然会参差不齐地破土而出。名优教师的培育亦同此理。

文化是深入骨髓血液的自觉反映和行动，是一种无意识。逸夫小学近十年的教学田野耕耘，从量变到质变，已经形成了独特的教研文化气质。据笔者观察，基于团队是逸夫教研文化的核心特征。对于学校来说，每一个教育工作者一样重要。学校应当全力倡导和支持每一位老师成为"教育研究专家"。由此，学校首先应当做的是平民教研，而非精英教研。

如学校课题组长姚玉芳所言：每次研究都有明确的分工，谁上场，谁调查统计，谁做课堂实录，谁做课堂观察，谁做课后访谈，谁做议课综述……这些任务都一一落实到专人。备课，集中团队的智慧；议课，坚持一课一得，实行一时一议、一事一议。这样，我们的研究就是捆绑式的团队行动。

一个人不可持续，一群人才能走得更远。好的社群文化就是要让每个成员在团队中有自己的目标和归属感。学校一样如此。基于团队，才会有真诚自由的教研话语文化。在一场研究活动中，有引领者，但是没有"学霸"，没有话语霸权。唯如此，教师们才会充分打开自己，暴露自己的经验和思维，敢于言说和争论。而这正是教师专业发展和学术研究成果产生的必要条件。

不断寻找"尺码相同"的人，不断打造"尺码相同"的人，这样基于研究的团队才是可持续的。

我的学员、该校的周叶萍老师在一份总结中说："走着，走着，方向就有了；做着，做着，整列火车就动起来了；学着，学着，哪怕照猫画虎也好，慢慢地，虎就像起来了，活起来了。"我想我们的教学研究，就需要这样。

真实地行动，就会有真实的改变。

"学生研究"的思维逻辑

近年来各地盛行举办各种大规模的教师教学基本功比武,内容主要涉及学科基本知识与学科基本技能。从笔者的观察看,学科的基本知识和基本技能固然重要,但却并未真正抵达教师之所以为教师的核心素养。

教师的核心素养应当是"学生研究"。这是教师区别于其他行业的关键标志。

在教师的能力素养体系里,如果没有建立起"学生研究"这一核心意识,教师的教学基本功就会流于浅表化、碎片化,难以转化为理想的一线教学效益。这也是比赛中大家公认的名优教师可能位次一般,而一些年轻的普通教师却能屡屡取得好名次的原因。

同时,要让教师感受到教育工作的独特的迷人之处,关键也在于"学生研究"。教师一旦去深入地观察学生、研究学生,教师的同理心、同情心就会被充分唤醒。抽离"学生研究"而进行教育教学,容易陷入盲目,有时甚至是南辕北辙。在笔者看来,一线教师的"学生研究"需要遵循以下六个基本逻辑。

一、以悦纳走进学生的真实生命

悦纳班级中的每一个学生是进行"学生研究"的前提,也是教学的基本伦理。

我们的教育传统一直强调教师的高度控制。我们习惯于把学生看作是

"小人",以为他们没有学习力和思考力,以为必须在成人的管教之下、灌输之下,才能有所进步。这样的课堂社会中,学生的存在是缺乏独立价值的。

另一方面,这样控制下的课堂往往会成为少数人的课堂。学生在课堂中是容易阶层固化的。

悦纳每一个学生,就是要承认学生都是独立的小宇宙,每一个人都有他的丰富性、独特性和可能性。这就需要我们走进学生的世界,倾听学生的声音,站在学生的立场上悦纳学生的一切,包括他的不足。

这是教师进行"学生研究"最重要的情感和伦理基础。

二、以理性把握学生的差异与特殊

不同的学生必有不同的具体情况。成长于特殊的家庭,拥有特殊的经历,才会有特殊的个体。特别是学困生和"问题学生",更是各有各的特殊。各种各样的因素才造就了学生现在的表现。

如有的学生记忆能力真的很差,有的学生一遇到朗读就磕磕巴巴,有的学生胆小到你眼一瞪就会流眼泪,有的学生就是喜欢用拳头说话,有的学生希望你时时关注他。面对不同个体的问题,必须有一定广度和深度的观察、研究和理解。失去这样的具体性,所有的经验和对策都会隔靴搔痒。

教育工作当然需要就事论事,但更需要多一些复杂性思维,有去探寻事件背后秘密的勇气和理性。

教育工作当然需要严格要求,但有时的确也需要因人而异,有智慧地把"枪口抬高一厘米"。不是每个学生都能达到你的要求。你以为要求已经很低很低,但有的学生可能还是跟不上。

教育需要把当下的"战术"与整体育人的"战略"结合起来。基于理性去理解和尊重每个学生的特殊性,才可能有更好的教育发生。

三、从个体学生的生命处境开始研究

研究学生还是要回到学生所处的生命处境中去。

我们总以为我们认识的事实就是事实。但事实往往是一种现象，现象的背后是问题，透过现象看本质，才有可能真正地认识问题、分析问题、解决问题。不要隔着"毛玻璃"观察和研究学生。要回到学生的生命处境，既看到学生生命的"明时空"，也看到学生生命的"暗时空"。如此才能帮助你拆解学生的表象世界，帮助你理解学生的行事和思考的逻辑。所以，好的老师不仅是用嘴工作，更多的是在用脚、眼睛和耳朵在工作。

我们要特别关注学生自己已有的东西。忽视这一点，会让我们难以发生和学生的真正交流与理解。

我相信所有的经验一定都是有局限的。一方面它们是认知折叠的产物，另一方面往往都有着特殊的应用场景。所以说，看似正确的两种经验，很有可能放在一起就是一对矛盾。

就如前文所说，我们学到的教育学原则和理念都是被提纯和抽象过的。很多的时候，它们可以帮助你思考，但无法帮助你直接解决一个具体的学生问题。回到学生的生命处境，将是理解学生生命世界的关键一步。

"学生研究"一旦不关注人的精神发育和丰富，不关注生命的终极价值的意义，就永远不可能进入学生的心灵深处。教育工作如果没有进入学生心灵，学生就难以自立、自主地创造性发展，就难以拥有学习带来的尊严感和成就感。

四、不能忽视群体学生的共性研究

"学生研究"不仅仅是教学顺利开展的保证，其本身就是教学过程的重要一环。在关注个体学生的独特性的基础上，我们还需要研究、发现、运用学生的共性，从而更好地进行教学。

比如就记忆来说，生动的、充满活力的、令人愉快的体验最容易记住，记忆力依靠外力的压迫往往会适得其反；比如霍华德·加德纳的多元智能理论，让我们知道学生具有不同的学习风格；比如我们需要理解课堂中的倾听关系对学生学习的基础性功能……

学生学习的共性研究与把握可以相对宏大，也可以十分微小。著名小学语文教育家李吉林老师在《我怎样备课》一文中这样写道：在课上要讲解的词语，备课时，我并不满足于教学参考书上的注释。我常常考虑书上的注解自己是否懂，学生是否懂。如"勘察"一词，参考书上解释为"进行实地调查观察"。我估计其中"实地"一词，三年级学生不易理解，因此根据课文内容，我把"勘察"解释为"到要调查观察的地方去调查观察"。这样，学生就比较容易接受。

李老师描述的就是对三年级学生词语理解这一学习共性的研究与运用。

五、学生研究的基本方法是持续观察

教师的直觉和经验推断很重要，但一定要警惕自己的认知局限性。虽然教师长时间和学生在一起，但并不一定会对学生十分熟悉和了解。以笔者的观察看，在教育教学现场"灯下黑"现象是大面积存在的。

破除这类"熟悉的陌生"，最直接有效的方法就是教师对学生有目的地持续观察。许多专家在这方面有出色的研究，也有可以帮助到教师的观察量表。

我们要警惕对学生理所当然的想象，警惕这样的想象成为教师与学生之间的隔阂之墙。"学生研究"本质上是为了发现学生。我们不仅要持续观察现象，还需要努力寻找解释。唯有如此，才会有真正的问题解决之道。

贴近现场，重视事实，重视逻辑，形成解释，寻求改进。持续观察是"学生研究"中科学与理性精神的重要体现。

六、学生研究要借助外部工具

与医学比较，教育领域借助外部技术的发展严重滞缓于时代。古人医病主要靠望闻问切来判断人的疾病，但现代医学借助各种外部工具已经迅猛发展。

有专家说，教育基本还是停留在以个体经验为主的状态。这固然有学生的认知和精神世界的复杂性以及应用场景的原因，但教师群体天然的保守性，也是重要原因。

特别是对于一些有经验的教师来说，更习惯于存量思维，缺乏增量思维，害怕失去"岁月静好"式的平衡。这其实就是自然进化中"优势反制"现象。另一方面，教育工作场景的弥散性、反馈的滞后性等特点也制约了我们运用外部工具的内驱力。

笔者近年有幸几次近距离接触日本前教育学会会长、"学习共同体理论"的创建者佐藤学先生，发现他到学校总是带着相机，在课堂中驻足、寻找、拍摄。这些镜头里有学生之间的伙伴关系，有师生的倾听姿态，有学生的学习困境和突破等。在学术分享的环节，这些图像与视频都会成为他讨论课堂教学的基本证据。

对照佐藤学，我们可以发现自己组织和参加的教研活动存在的问题。我们太少运用除了眼睛和耳朵之外的外部工具，来帮助理解课堂中的学习世界。

身处一个技术爆发的时代，我们其实不是没有外部工具，而是缺少使用外部工具改进教育教学的思维。

最近因为疫情，我特别关注线上教学。我了解了一下一些教培机构和民间助学的APP。我认为在借助外部工具进行学生学习研究这个问题上，民间力量的许多做法值得学校学习。

借助外部工具，不停地寻找学习的真相，用科学和理性阐释课堂学生的学习世界，这应当是学校教研的趋势。我们不能回避！

教师的直觉、经验和思辨都很宝贵，但我们不能只关注形而上的归纳和推演，更不能习惯于对专业工作一味感性地抒情。

我个人一直以为，教育教学首先是科学，其次是艺术。它有自己发生的逻辑链。身处其中，尊重这样的逻辑链，首先要从"学生研究"开始。

第四章

养成读写的习惯

教师学习应以阅读为基础

有人说,教师是一个冒险甚至危险的职业,伟人和罪人都可能在他的手中落下最初的种子。在一个有良知的老师那里,"本领恐慌"应该是始终萦绕的问题。

多读书无疑是化解"本领恐慌"最方便、性价比最高的有效手段。

中学语文特级教师、《不跪着教书》的作者王栋生先生在一次讲课时对教师阅读的匮乏一针见血:"在学校里,最可怕的是一群不读书、缺乏智慧的教师在辛勤地工作。因为这样的教师会辛辛苦苦地把本来聪明的学生教得不会学习。""语文教师的课堂在某种意义上说就是他的阅读史。读书越多,教师在课堂上就越自在。""目前语文教学的主要问题是语文教师自己不读书。"

其实不仅是语文教师,所有教师从来都应是社会的读书种子。腹有诗书气自华。阅读不仅引导教师眺望诗和远方,还为我们解决现实的教学问题提供各种可能。世界已经从千年未变的农耕社会迈入了扁平化的万物互联时代。我们的学习已经开始从偏于一隅的知识农耕,转变成了知识游牧。哪里的知识"水草丰美",我们就要迅速去学习、去占有。

"苟日新,日日新,又日新。"教师学习的本质就是要摆脱当下教师作为普通人力资源的归类,变成社会的优质人才资源和精英代表。在我看来,从教师的知识更新到思维升级,阅读是最基础、最方便的路径。

如果让我勾勒天下名师的成长路线图,我的答案是"读为基础,想为主导,落实到做,升华到写"。

读而写则优。写就是留下生命活动痕迹。浅表性阅读并不能促进深度的思维，尤其是环境不对的时候。但是写可以。我个人的经验是"因为写，所以想"。写作不是单纯的遣词造句，而是一种思维的锻炼。写作就是让自己时刻流动变化、瞬息万变甚至是汹涌奔腾的思想物化。写作是一种规范自己思想的能力。能升华到写的阅读，是高阶的阅读。

全国著名语文教育家周一贯先生曾以"目耕、舌耕、笔耕"来形容自己的专业生活。在周先生的专业视界里，教师学习的阅读与表达就是一体两面。

成熟的教师读者，还要加强对自己阅读的元认知监控。

基于网络的电子阅读让我们可以领略知识的浩瀚与便捷，但也让我们陷入选择的困难和迷失，陷入学习的浮泛和庞杂。所以不妨多读些纸质的书。正如我的教研员同事周颖老师在《我是怎么读书的》一文中所言：好的纸书有质感，可抚；有书香，可闻；有分量，可掂；亦可圈可点，可携可藏，可拥可赠……可真正承载几千年笔墨文化所特有的美学细节。可以让读书的人安静、从容。

人类制造工具，也被工具塑造。从这个意义上说，专注力可能已经成为我们这个时代最大的稀缺。

除了实用功利的专业阅读，阅读对教师的最大价值是源源不断地酿造精神的能量。无论是当下，还是未来，教师都会面临各种挑战。在我看来，阅读能帮助教师至少在精神上实现突围，让生命变得敞亮一些。这样的能量很难来自说教和灌输。古今中外的浩瀚文明和灿若群星的名人榜样，都是我们取之不竭的精神之源。

阅读不仅要读有字书，也要读无字书。我们生活的世界本身就是一本活书、大书。作为教师，更要有一些"天地阅览室，万物皆书卷"的阅读情怀。

阅读还得有策略。成人的阅读一是要急用先学，缺什么补什么；二是要内连呼应，善于触类旁通，融合联系各类知识；三是要读出自己，不要"我注六经"，而要"六经注我"，在阅读别人的生命精华中生发出个人的新的经验和体悟，让别人的著作为我服务。

钱理群先生曾对学生不读书的问题痛心疾首："我们现在教育的最大问题，就是大家都不读书，老师不读书，学生也不读书；或者说，老师只读教学参考书，学生只读和影视有关的书，学校里完全没有自由阅读的空间和时间。老百姓有一个最朴实的说法：学生上学，就是'去读书'。读书，这就是关键；引导学生读书，是教育的根本职责。"

学高为师，身正为范。教师阅读的另一层重要的教育意义在于给学生最好的示范和榜样。

读书应当是教师的一种生活方式。历来教师首先应该是读书人，要做学生"立人"的重要他人，而不能成为只为应试存在的廉价劳动力。

钱理群先生在回答"什么是好教师"这一问题时，说教师应有三爱：爱教育，爱学生，爱读书。我深以为然。

"读书拯救自我"，每个人都是自己的主人，也是自己的救世主。

教师从来应该是读书的种子，社会文明与进步的推手。当外部我们无力改变，我们可以从自身开始，以个体的小趋势去推动周边的大趋势。

拯救教师的专业阅读

从我的个人观察看，教师的专业成长或许有诸多影响因素，但是主要因素还是阅读。这不仅关乎教师作为一个知识分子的整体素养，而且还直接影响作为教师的专业水平。

就阅读形态来说，我想大概可以分为消遣阅读、专业阅读、超越性阅读。从广义讲，这是一个全民消遣阅读的时代，网络的兴起让以微信、微博阅读为标志的消遣阅读全面占据了生活的各个角落。我们的大脑中塞满了消息和资讯，却缺乏涵养专业和精神的营养。

因为教师职业的特殊性，我们既需要专业阅读来完善自己的专业版图，也需要涉猎看似与教育无关的文史哲、自然科学领域。这些"无用之书"，可能就在未来的某一刻，影响到你的教育和人生。

不可否认，在当下教师的职业生涯中，有着不少影响教师阅读的负面因素。

首先是时间和阅读的冲突。阅读首先需要的是闲暇，闲暇的意义不仅仅在于保证阅读时间，更重要的是保证阅读的心境。投入阅读需要从容的心境，这种心境需要宽松的氛围，需要一定长度的闲暇来维持。对于忙完工作还得为家庭生活操劳的普通教师来说，没有足够的修为和定力，实难做到在忙碌奔波和阅读学习间自由切换。有一位老师这样戏谑：谁都知道读书好，只是时光太匆忙。

其次是生活和阅读的冲突。现实生活中，更多的教师处理空闲的方式是消遣娱乐。据统计，85%的中国人每天晚上最宝贵的两个小时是在电视机前度过的，其中当然也包括老师。即使阅读，占极大比例的也是消遣阅读。真正的专业阅读和超越性阅读需要读者的心灵在场，需要生命的不停穿越。现在教师的工作量和社会压力愈来愈大，不少教师深陷身体疲劳与精神疲劳。难得的假日往往用于过于繁忙之后的极度放松。再者，生活在众声喧哗、多元共生的时代，教师毕竟也不是不食人间烟火的圣人。

最后是教师缺乏阅读的现实需要。这也是最核心的问题。一是现行的教师评价机制与教师阅读关系不大；二是所谓的教学质量也并不直接依赖于教师的阅读。尤其在以考分定优劣的学校里，那些几乎从不阅读、把大量时间花费在研究题目上以应对考试的教师往往更受学校、社会欢迎。而那些热爱阅读的老师，往往因为想法太多，不见得教出高分学生，还往往因为"不安分"而被人诟病。

客观地讲，没有哪一本书能够立竿见影地转化为教师的专业能力。基于阅读的教师发展是自我比照、自我反思、自我调整、自我完善的过程，这种发生是缓慢和渐变的。但失去阅读，对于教师的专业成长来说，就如同失去空气和水。

基于以上的分析，笔者以为，学校或者有关部门可以做以下一些努力，来改善教师的阅读，尤其是专业阅读。

一、倡导基于专业的阅读

我把阅读分为消遣阅读、专业阅读和超越性阅读，消遣阅读每天都在我们身上大量发生，尤其是电子媒体和互联网的出现，使消遣阅读达到了无以复加的程度。因其娱乐性和快餐化，也有人称之为"轻阅读"。超越性阅读能带来深厚的人文底蕴和宏大的知识视野，最终能使人摆脱匠气，拥有情怀，敏锐思维，丰厚思想，这是每一个教育大家的特质。对于工作在一线的教师来说，如何从平凡走向优秀，从优秀走向卓越？当下之要是基于专业的阅读。

1986年，美国著名教育家舒尔曼指出教师专业知识结构中处于核心地位的是学科教学知识（简称 PCK）。1990 年，格罗斯曼将学科教学知识具体解析为四个部分：一门学科的统领性观点（关于学科性质的知识和最有学习价值的知识）、学生对于特定学习内容容易理解和误解的知识、特定学习内容在横向和纵向上组织和结构的知识，以及将特定学习内容呈现给不同学生的策略的知识。

学科教学知识理论的提出，成为了世界范围内制定学科教师专业标准、设计教师教育课程指南的重要依据，也指明了教师当下首要的阅读应该指向专业的学习。

而事实上，据笔者的观察和了解，一线学科教师对学科圭臬——课程标准和相关解读的阅读都很成问题，遑论其他专业阅读了。阅读虽然是私人化的事情，但学校和有关单位在营造氛围、倡导引领上责无旁贷。前国务院总理温家宝曾说："读书可以改变人生，人则可以改变世界。读书关系到一个人的思想境界和修养，关系到一个民族的素质，关系到一个国家的兴旺发达。一个不读书的人是没有前途的，一个不读书的民族也是没有前途的。"具体落实到教师的专业发展上，我们完全可以这样认为：专业阅读关乎教师的职业境界和修养，一个不读书的教师是没有前途的，一个不读书的教师团队也是没有前途的。

笔者认为，学校和单位起码可以搭建平台，出台政策，引导老师从相对感性的叙事、案例、设计入手，步入专业阅读的殿堂。比如，安排老师每人至少订阅一份专业杂志，了解学科的前沿信息和发展走向，借鉴学习相关的做法经验。又如，组织刚接手一年级的语文老师读读薛瑞萍的《心平气和的一年级》，从中可以学到一些行之有效的阅读引领、班级管理、家校沟通等实务方法。

理想的专业阅读的另一个维度则是保持芸芸阅读中的教育敏感，无论是消遣阅读还是超越性阅读，应当有眼之所及，总有为我所用的境界。

窦桂梅老师在一篇文章中写道：看了《中国青年报》上"留美幼童"的系列报道，惊喜地发现报上刊载的当年詹天佑写给在美国读书时的"家长"——诺索布夫人的三封信。这三封信写的正好是詹天佑分别在修京张铁路前、中、后的心情以及工作进程汇报。我马上剪贴收集起来。再讲《詹天佑》时,我就把这三封信分别插入课文的故事情节中。于是,课堂变得鲜活起来,詹天佑变得有血有肉,有情有义。詹天佑的印象就不再仅仅是技术高超和杰出伟大,更增添了亲切、平凡与善良。

阅读中的专业敏感,是一种境界和修为,其实这正是新手教师和专家教师的分水岭之一。

二、深化专业阅读的引领

我一直以为,阅读是教师最经济也是最有效的专业成长方式。同样,对于学校和有关部门来说,打造高质量的教师阅读,也是最经济、最有效的教师培训方式。经常有教师感叹,要读的书太多了,精力有限,到底哪本最值得读?哪些书不值得读?虽说不一定有确切定论,但还是有一些轨迹可循。学校和有关部门如果有一定的引领和指导,推动教师专业阅读就能事半功倍。

比如传统的经典教育名著,就不见得都适合一线教师阅读,有一些只具有历史意义,有一些对于一线教师来说艰涩难懂。同样是一本公认的好书,也应当视教师的发展阶段而论。

总的来看,对于一线教师的阅读而言,还是要挑选接地气、经过时间检验的"种子书",比如苏霍姆林斯基的《给教师的建议》,就应当成为教师工作者的床头之书。以笔者所在的绍兴市教育教学研究院为例,每年都会结合继续教育,在暑期让教师研读一本高质量的教育著作,《给教师的建议》就是其中的一本。

除了公共阅读,我们每年安排更多的是学科专业阅读。比如2008年笔者基于对绍兴市儿童阅读现状的调查和思考,借助市区小学语文继续教育,向绍兴市区1000多位小学语文老师推荐了美国阅读专家吉姆·崔丽斯的《朗读手册》,并且人手一册发到老师手中,要求每位老师结合自己的教学撰写读书笔记。我们把优秀的文章晒到学科博客,供老师相互借鉴。随后和学校联动,组织了系列主题研讨活动,有的老师甚至总结提炼出了影响自己的十条《朗读手册》名言。

一次好的专业阅读引领,必然需要落地生根,能够和教师教学现场产生或明或隐的化学反应。如此,教学效益的提高和教学知识的创生就能进入良性互动的轨道。在第二阶段的引领中,笔者组织了一些对本书观点认同感强的老师进行了"大声朗读的微型课"的探索实践,引领更多的人走上了阅读之途。更多的老师开始给自己的学生读故事,同时也影响了更多的家长参与到给学生朗读的事业中……《朗读手册》在绍兴一时洛阳纸贵,许多人求之不得。当时的绍兴东街夜市的书摊上都出现了《朗读手册》。今日绍兴儿童阅读推广之所以蓬勃,现在想来,与我当时力推的这本《朗读手册》不无关联,它真正启蒙了绍兴小学语文老师的儿童阅读推广理念。

三、好的专业阅读应当是基于解决问题的阅读

理想的专业阅读必须与教育实践紧密结合在一起,如此才有真正的生命力。我在工作中有时会遇到这样一些老师:能写出漂亮的论文,说出时髦的理论,但是自己的教育教学却是一团糟,不被同行、家长认可。这些老师往往是一些理论冲动者,热衷于在理论词语的丛林中漂流,却解决不了自己教室里的问题。

好的专业阅读应当是基于解决问题的阅读,它应当与学校的教育教学活动紧密结合在一起。

笔者曾对一所学校的语文教学团队进行集体教学诊断,发现教师教学行为的问题主要有两个:一是课堂教学内容的模糊和错误,教师对所教的内容缺乏专业自觉,教师教的和学习目标不一致的现象比较普遍;二是教师缺乏学情意识,尤其是普遍不重视教学起点判断,同时也缺乏学情判断的手段和策略,学情在教师那儿处在"说起来重要,做起来不要"的背离境地。通过协商,我建议这所学校把"基于预学的教学内容确定"作为未来一段时间的语文教学问题解决的方向,并推荐把王荣生的《语文科课程论基础》和陈

隆升的《语文课堂"学情视角"重构》作为重点研读的书籍。在后来的该校教师的研修活动中,他们通过"同课异构、工作坊"等方式运用、内化书籍中的相关教学专业知识。每次的研修活动还请两位骨干教师就书中的某一章节或观点做10~15分钟的陈述,一定程度上带动了更多老师的参与。后来在全市的语文优质课评比中,这所学校的一位教师执教的课引起了轰动,一位听课教师不无感叹:"什么叫以生为本,什么叫教学智慧,什么叫语文味,我在这堂课中找到了全部的答案!"无疑,这得益于他们对基于问题解决的专业阅读的坚持。

窦桂梅老师在其《读书,我们必须的生活》一文中有这样一段描述,我觉得也可以作为这个观点的注解:

不久前,我校开展年度主题教学活动,共备《牛郎织女》一课。我惊喜地发现,不光是我自己,我们学校的部分老师也正渐渐依靠书的力量,使自己的教学有了研究与生长的高度。为了上好这一课,我们读了民间文学的基本理论,读了牛郎织女的不同版本以及相关评析,读了各种类型的神话、传说、民间故事,请来清华大学文学院院长、著名作家格非给我们作专题报告。通过这一系列有字和无字之书的积淀,我们不仅研究出了一节引起广泛反响的好课,更是踏出了一条既简明朴素,又直指本质的反躬内省的读书道路。以教促读和以读促教成了我备课的重要成长路径。

当然,我们更乐见教师个体把这种基于问题解决的专业阅读作为一种专业生活的新常态。虽然阅读无法解决教学现场中的全部问题,但专业阅读无疑能够为解决、改进教学问题提供理念支撑和实施路径。阅读然后实践,实践知不足然后再阅读,这无疑就是教师自我教育、自我成长的理想模型。

四、打造阅读共同体

"独学而无友,则孤陋而寡闻。"教师的阅读要尽可能地置于阅读共同体中。生物圈有共生现象,教师的阅读一样如此。环境的影响和所处团队的价值取向能直接决定个体的行为。教师的专业阅读不同于消遣阅读，它有专业维度的考量，更需要通过专业的交流来不断加深理解，提升阅读效果。学校要创造机会，鼓励教师形成多种形式、不同层次的阅读共同体。

比如浙江嵊州市城北小学的"小桔灯教师读书会"，是由该校一批爱读书、会读书的教师自发组织的"读书团队"，是一个有近50名会员的大集体。从读书会会名的征集，到读书会专用笔记的设计编印，都由会员自行决策完成。读书会骨干刘科慧老师这样描述他们的第一次活动：老师们首先聆听了读书会会长茹茉莉老师以"阅读，这么好的事！"为主题的精彩演说。然后通过了城北小学教师读书会第一届理事会成员名单、《城北小学教师读书会细则》。同时，向每位会员发出了征名启事——为读书会取一个好听而又富有内涵的名字！活动现场，校长为每位参加读书会的老师颁发了首本共读的书籍——《朗读手册》。可以说，它已经成为我们推荐、交流阅读感受的最佳平台，这个读书会就像我们老师的另一个家。

有一年暑假，我在一家书店淘到了一本书，只是因为书名吸引我——《我在包里放本书》。我想对于一位追求专业尊严的老师来说，尽管现实有种种不堪，但阅读当是必要的坚持。我们应当树立这样的观念：有好书就有时间，以此建设自己的专业尊严，开阔自己的职业境界，温暖自己的精神家园。

"读书是节约老师时间有效的方法之一。读书不是为了应付，而是出自内心的需要和对知识的渴求！"苏霍姆林斯基的教诲犹在耳，为师者当自觉，当自省！

作为成熟读者的使命

数年前,我刚开始用微信时,顺手签名"日行万步 夜读十页",以作为对自己日常生活的提醒。

今天无意看到这个签名,心有感慨,一晃又是这么多日子流走,反省一下。比如"日行万步",很多日子,都没做到。这是赖不掉的,每天都有步数排行榜。但我每天都会有意识地在休息间隙利用碎片时间做俯卧撑和平板支撑。所以自己勉强可算作一个有锻炼意识的人。

相对做得比较好的是阅读。这几年自己的思维和视野有一些突破,的确来自向许多高手的学习。除了阅读,还听了大量的音频。阅读的量应该是远超了十页纸书的信息量,而且应该都是处于"学习区"的阅读。

我一直认为成熟读者的标志就是对自己的阅读有元认知监控。所以就想到写篇小文章来表达自己作为读者对阅读的一些思考。这既是对自己的一个小结,也可供同道中人参考。

一、以阅读培养自己

阅读是培养自己最经济也最靠谱的方式。简单地说,性价比最高。任何人的专业成长都以自我修炼为基础。自我修炼的最基本姿态就是阅读和写作,而阅读是其核心。

所谓单位的培养,机会往往也是给那些有准备的人。若缺乏自我修炼的意识,就算单位给了你很多机会,回头你还是会发现进步仍旧不大。鸡蛋从里面打开是可以不断生长的生命,从外面打开就不过是被消费的食物。同理,教师的专业成长更依赖于从里面打开。

指向专业提升的阅读,一是要提升自己的认知水平,二是要拓展自己的认知边疆。再高阶一点,就是要升级自己的专业思维方式。

指向专业的阅读,可以首先找到行业的标杆。比如你对某个领域感兴趣,就找到这个领域中的顶尖高手,把他的代表作读透。这样的阅读首先不在于广博,而在于精深。

比如我以前有一位学员,立志成为小学语文教学的名师。他反复读著名语文教育家王尚文先生的《语感论》,做了大量的阅读札记,甚至找出了书中的几个错别字。可以说,这本书奠定了他日后扎实的语文教学研究的学养基础。

二、以阅读安顿自己

一切所读,皆成性格。

世界很大,有趣的人也很多。有趣的人写的有趣之书,往往值得一读。比如汪曾祺和木心。人各有不同,但都可做一个有趣的人。有趣,可以成为我们热爱生活的重要理由。

大概地说,爱阅读之人,男子会少些戾气,女子会少些浮华。

狄更斯在《双城记》开篇即说:这是一个最好的时代,也是一个最坏的时代。

人生不如意十之八九,贪嗔怨痴常有。

比如抱怨,我们可以到处听到:领导抱怨下属,下属抱怨上级,所有相依的个体,都难免相互抱怨。抱怨能让我们觉得问题与责任是别人的,与己无关。

我有时觉得这可能就是人类进化中形成的生命机制。抱怨的第一目的就是保护自己,让自己生存下来。

每个人都在抱怨中把自己给摘除了。我也经常如是。

而阅读能让我们在红尘万丈中，内观诸己，养气定心，安顿并不完美的生命。特别是文学和艺术的阅读。在别人生命场景中，会有一种生命的确认感。这是一种精神的抚慰和疗愈。文学阅读有无用之用。

诚如一位读者所说：书如橘，需要我们剥；书如灯，需要我们点。剥和点，就是阅读。剥了，如食甘饴；点了，夜如白昼。

三、以阅读影响他人，特别是学生

成人读者除了成就自己，还有一个使命就是以身示范，传递人类的阅读薪火。这不仅是影响带动同僚伙伴，也是在为未成年人树立榜样。这是一个成熟读者的担当。

这是一个法国作家写的被广为流传的故事：在荒凉的普罗旺斯高原上，一个牧羊人挖了一个洞，然后把一粒种子种进去。一战爆发了，二战结束了，这是一个世界的几十年，也是牧羊人的几十年。这一粒粒种子最终长成了普罗旺斯的葱茏。

这样美妙的隐喻，适合于所有隐忍的行者。读书是浪漫而孤独的。种植阅读，种植希望，需要辛勤和坚持。每一个成年的读者，都应当是一个阅读的牧羊人。挖的一个个洞，播的一粒粒种子，一年、五年、十年甚至更漫长的岁月，会长成一个家庭的葱茏，一个学校的葱茏，一个国家和民族的葱茏！

我在一次讲课中，戏谑了一副对联：

柴米油盐酱醋茶
风花雪月琴书画

上联管的是我们尘世中的肉身，下联管的是我们灵魂中的精神。

我很欣赏"阅读和行走，必然有一个在路上"这样浪漫而孤独的说法。但就我个人的体会，读书还是不要读太久，正如走路不要走太久，两者自如切换，读累了出去走走，走累了看会儿书，你会发现美好扑面而来。

无论生命处境是下里巴人，还是阳春白雪，阅读都应当成为每一个有生命自觉的人的必要坚持！

四、什么是好的专业阅读

在机不离手的当下，技术改变了我们的阅读方式，也改变了我们的阅读取向与需求。

在不断切换的屏幕之间，我们的注意力被快速分割了。我们太难有稳定的心境来面对一本专业书或者一长篇严肃的专业文章了。

严肃的专业阅读正在越来越失去吸引力。

作为一个尚想专业精进的现代公民，严肃的专业阅读依然是自我修炼、自我进阶的必然途径。

好的专业阅读，不在于你是快速刷书还是精批细读，而在于你是否触碰到了作者的思维方式。

不要停留于一技一巧，不要满足于表层的描绘与处理，好的专业阅读要不断学习绕到现象的背后，去跟随高手破译，并尝试把自己摆进去，和高手进行越过时空的对话。

人的思维方式和行事能力深受周边最熟悉的人群的影响。唯有阅读，才能让你超越各种时空，和现实世界中难以接触的高手对谈。尤其是学习行业内的高手的文章，通过比较完整的阅读，能够看到对方对于专业问题的思维脉络。

大禹治水治的其实并不是水，而是河道。某种程度上，专业阅读有时读的不是眼前的书，而是寻找、学习高手理解、解决问题的思维网络。

一个人思考表达的视角，和通过这个视角看到的材料引发的"偏见"，对于专业人士的启发远远比一堆正确的"普通话"更有价值。

好的专业阅读是用他人的思维方式锻造自己的思维方式。

一定会有一些书，会让你觉得书上讲的好有道理，让你无懈可击，让你的思维被控制和笼罩，让你陷在正确的泥潭里失去逆向思考的主动。

专业阅读，一定要经历从"我注六经"到"六经注我"。"我"才是关键。

比如说读到名家的观点，重要的不是记住这位名家所谓的重要观点，而是要想，如果这位名家面对我现在遭遇到的问题，可能会如何思考和应对。

更有意思的是许多专业文献的观点往往具有一定的排他性。这也是我一直以为的"偏见"。这样的"偏见"很宝贵，这样的"偏见"多了，可以照亮你认知世界的黑暗角落，但是也要看到其中的局限。

高手的难得之处在于两种相左的观点能够同时存于自己的认知系统，而在现实中并行不悖。

如果我们有能力这样阅读，读书才真正地改进了我们的思维方式，真正成为自己专业生命的发动机。

专业学习的"第一性原理"

"第一性原理"(first principle thinking,又称"第一原理")其实是古希腊哲学家亚里士多德提出的一个哲学术语:每个系统中存在一个最基本的命题,它不能被违背或删除。

"第一性原理"是任何特定系统中存在的最底层"本质",对任何系统的"第一性原理"的改变都会实质改变该系统,反过来,任何没有触及"第一性原理"的努力都是在做无用功(或影响微弱)。

我们都很熟悉"弹簧现象"。弹簧压得越厉害,它反弹得越厉害,其基本原理就是力的反作用力,弹簧在寻求原来的平衡。

专业学习也是如此。你想要在认知和思维上往前推动一点点,就必须施加一定的外部压力,让固化的思维失衡,从而获得强劲的弹力,在更高的层次上寻求平衡。

如果你是弹簧,遭受强大的外力挤压,你必会难受甚至痛苦。思维和认知施压的过程一样会让人感觉"不舒服"。

这就是我们那么喜欢读自己喜欢读的书,但是却没有实质性的进步的真相。

这可能就是因为我们读得太舒服了。我们的认知和思维一直处于平衡状态,从来没有机会被撕裂,更没有机会被重新建构和愈合。

基于学习的专业阅读其实就存在类似弹簧的"反弹机制"。其实其他领域的学习无不如此。这就是建构主义理论的精髓。所有的学习都是沿着平衡、打破平衡、再次寻找平衡的逻辑循环往复、螺旋上升。

从生命科学的角度来讲也是如此:"健康的人心脏跳动是非常不规律的,只有死之前几个小时,心态才会惊人地有规律"。"对大多数细胞生命体而言,平衡等同于死亡。"

我有一位同学是冬泳爱好者,每天早上 6 点准时到水库游泳,风雨无阻,冰雪无惧!每天还准时在同学群和朋友圈发他的冬泳行踪。同学会上见到他,简直是逆生长,让我们这帮已渐渐步向衰老、失去活力的同学只能羡慕嫉妒。

冬泳与专业阅读,两者的最大相似处在我看来就是最大限度地突破身体和专业思想的舒适区,让我们最大限度地唤醒、重塑肉身和专业思想。

所有的学习都存在三个区域:舒适区、学习区和恐慌区。脑细胞自然也符合细胞的基本规律,舒服(平衡)的学习一定不会让大脑神经产生多少变化。好的专业阅读其实就是要摆脱舒适区,进入学习区,重塑我们的专业大脑。

当你开始阅读,你原有的专业认知结构大厦就会开始失衡,慢慢撕裂。

摆脱舒适区的阅读一开始可能会让你怀疑自己的专业阅读能力,你可能觉得自己无法和作者进行对话。

但重要的是开始!

边读边批注应该是一个相对私密、简便和有效的方式。你可以写下自己对某个片段、某个观点的理解,也可以表达与作者相同或不同的观点,还可以旁涉到你经历过或者听闻过的教育教学事件,或者与其他的书籍相互印证。

这样与文本的对话一开始可能是艰难的。时间稍久,你会发现,你开始能凭借逻辑和自己的经验去对接、联系、理解书中的观点,在和书中文字的反复斯磨中你可能会渐渐聆听到作者隐藏的生命与思想。你会越来越清晰地见到自己的倒影,完成对自身专业经验的反思、重塑和超越。

持续不断地专业阅读,时时与实践交互、印证、编织,教育智力慢慢跃升,教育效果渐渐显现。这样看来,苦哈哈的专业阅读,其实蕴含着更高阶的乐趣。

文学照亮我们庸常的生活

文学首先是人学。

它不是单纯的一堆知识,也不是可以拆解的技巧。它更需要思想的光芒,情感的浇灌。

它是火种,是点燃生命的热,照亮未知之途的光。它也可以是冰,在另一个方向让麻木者痛,然后清醒。

它可以是一个摇篮,幼稚得足可暂时安放你无处安顿的灵魂。

也可以是一个王国,你足可以自说自话,邀请谁或拒绝谁,暂时放任自己在精神的乌托邦游离于现实之外。

生存与死亡、战争与恐怖、道德与欲望、争夺与发展、逃离与回归、技术与人性,都是我们生存的困境。这样的困境简单而生硬、粗暴而直接。

总要有时间与现实保持着必要的距离。总要有时间与人群保持着必要的距离。比如用文学的方式,来审视和守护我们存在的本来意义。

《小王子》里的狐狸教导小王子说:因为有四点的等待,所以从二点我就觉得幸福的临近;因为你有金黄的头发,所以金黄色的麦子会让我想起你,我也会喜欢听风在麦穗间吹拂的声音。

狐狸还说:对我而言,你只不过是个小男孩,就像其他千万个小男孩一样。我不需要你,你也同样用不着我。对你来说,我也只不过是只狐狸,就跟其他千万只狐狸一样。然而,如果你驯养我,我们将会彼此需要,对我而言,你将是宇宙唯一的了,我对你来说,也是世界上唯一的了。

好的文学是对人性的洞见,深刻而审美。

曹文轩先生说："美的力量绝不亚于思想的力量。再深刻的思想都会成常识，只有美是永具魅力的。"

词语就是写作者手中的箭。写作者要把每一个词语当成最后的词语，爱它，抚摸它，给它温度，使它获得生命，发出光芒。文学是一场和词语的恋爱，一个词语就是一束光。它等待被写作者召唤，同样也更热烈地等待阅读者的召唤。

在物质的世界，时间无往而不胜。唯独对于美、精神和思想，时间只是随从。

在物质的世界，文学本无用。然，我们终会发现，生命漫长，无用之用常有大用。

所以，不妨多接触点真善美的文学或艺术。

在每一个故乡都在消逝的今天，文学可让我们望见自己精神生命的原乡。

为什么要坚持写作

写作与阅读一样，在我看来，是教师专业生活的一种方式，是教师发展提质提速重要的外部工具。

我有时甚至觉得教师的专业发展就像是一只期待起飞的大鸟。现场实践是这只大鸟的主体，阅读与写作则是双翅。流动在三者之间的则是一种叫反思的血液。佐藤学把教师称为"反思型的实践家"。

写作耗时耗神，还常与孤独为伍。人性使然，真正喜欢写的老师很少，若非学校的任务和职称等功利驱使，对写作大都是避之不及。

如果想职业生涯有更好发展，从我个人的职业经历和多年的观察来看，写作是一条最经济、最便捷的快车道。

2002年6月22日，新教育发起人、时任苏州市副市长、苏州大学博士生导师朱永新在教育在线论坛上发布了《"朱永新成功保险公司"开业启事》的帖子，可谓点明了教育写作对于教师成长的关键意义。这份邀约以十年为期。投保条件是"每日三省自身，写千字文一篇。一天所见、所闻、所读、所思，无不可入文。十年后持3650篇千字文（计三百六十万字）来本公司。"理赔办法是"如投保方自感十年后未能跻身成功者之列，本公司以一赔百。即现投万元者可成百万富翁（或富婆）。"

此帖虽有戏谑之意，但我个人非常认同朱先生的这种预见。教师的专业发展是一种慢变量，所以特别需要坚持长期主义。写作就是一种可用来坚持的好方式。年轻教师不要奢望有一课成名、一文爆红的奇迹。所有奇迹的绽放都源自岁月的累积。如有意外，也总会烟花一场。

我大致梳理了一下，教育写作对于教师的专业发展和生命塑造大概会有以下一些特别的价值。

一、锤炼深度思考力

写作需要独处，需要安定。唯有静心，才会倾听到自己思维流动的细微声响。日常的我们太忙碌，需扮演各种外在的角色。遇到问题，也只能以惯性来思考和处理。即便是学习，我们的学习时空也早被充分打碎。"娱乐至死"、学习和知识的碎片化带来的思维力钝化已是一个时代的挑战。

好在有文字。文字可以帮助梳理、固化你我流动不居、瞬息变幻的所思所想。

我的个人体会是，只有写，我才会想。一旦动笔，不断前行的文字就能够引领思维从描述表象，到审视剖析，最后慢慢进入事件与知识的内核。日子一久，便有可能独出机杼，发别人未发之言。思维的聚焦性、系统性和批判性也由此不断增强。

写作的表层看似是遣词造句、辛苦码字，其实质是思维和思想的深度锻炼。教师个人的认知和思想系统也在这样的砥砺中不断进化。

二、促进个人知识结构化

我们面临的是知识孤立、信息超载的时代。作为学习的信奉者和追随者，看起来我们一直不停地在阅读和学习，但浮躁和焦虑也时常伴随左右。

我们犹如在知识的沙漠里闲逛，获取知识信息是如此便捷，但浩瀚的知识又像是孤独的沙砾，太多的以为知道的知识，其实只是各种散落的存在。

知识的结构形态会决定功能。即使你拿回来一百万个知识的砂砾，也只是沙漠纷乱的碎片。

一次完整的写作，因为一定的线索和主题，能够让如沙砾般散落一地的碎片知识，经由个人的经验聚焦、提炼、拆分、组合，联系成一个更有意义的整体，形成一次结构化的表达输出。通过写作，你练习的是把知识聚合成新的、更大的意义的能力。

我一直以为，写作就是知识的再建，其内在流淌的是我们的思维和精神。当外在的知识穿越你的生命，都会创生出全新的意义。也只有高度结构化的个人知识，才有真正的知识压强，才能让自己有机会在专业之路上看到更完整的风景。

三、让专业生命有作品感

我现在越来越觉得，个人的写作本质上并不是为了传播。如果有传播和共享发生，也只是意外之喜，是附带的价值。

如福建师范大学潘新和先生所言，写作本质上还是回应自己的言语冲动，丰沛自己的言语生命。同时也是给自己的日常一种可以把握的确定性反馈。

在任何一款游戏里，人的行动能力，都能得到一个迅捷的、明确的反馈，兑现为可见的结果，由此形成反馈的闭环。

我们太需要反馈来增加自己生命的确定感了。

教育写作就是自己给自己的专业生命一种确定感和作品感。

比如我搞了个微信公众号，起初纯粹是好奇玩玩而已。但偶尔发一篇文章，会时不时地看一下阅读量，看一下读者的反应，比如有没有被人转发，有没有人留言。这其实就是希望外界对自己的作品有一个反馈。各位朋友阅读时释放的各种善意，其实就是在帮助我完成一次"游戏"的闭环。这样的"游戏"帮助我留下了不少小文章。这些文章，无论多么不值一看，都算是我的一个作品。

严格地说，我们普通人的写作，只有经历反复的打磨和雕琢，一篇文字才会有一点作品感。慢慢写得多了，也会有一些不错的作品。比如偶尔会有报刊在后台留言，要发我的某篇文章，有时甚至是两三家同时看中一篇。

而"大夏书系"向我约稿，让我把这些文章整理成册，就需如工匠般把这些文章再"折腾"一遍。现在此书得以面世，使我过去几年的专业生命，看起来就更有一些作品感了。

我很认同师者"三耕"：舌耕、眼耕、笔耕。笔耕真的是教师专业生命升华的主要路径。

四、输出倒逼输入提升质量

写作是输出，阅读是输入。与阅读相比，写作是更高阶的能力。但每一个作者几乎都是从较低门槛的读者起步，读着读着慢慢变成了一个作者。

成了作者，你就需要更多的阅读吸收。如果想有高质量的写作，就必须有高质量的阅读。

这不仅关乎读物的质量，还关乎阅读方式。写作会把你的阅读强制推离舒适区。比如你可能需要批注，可能需要反复读，对其中印象深刻的部分进行拆解。这些都是高品质阅读的体现。

成熟的写作者，会自觉形成对阅读的元认知监控。而阅读的高质量，也直接影响到教师的认知和行为系统。

五、反哺教育现场的行动能力

从教师的专业素养系统看，我们会发现所有的阅读和写作，最终都会作用于其行为系统。

对于具体的教育教学行为来说，写作既意味着日常实践的梳理、提炼与扩展，又意味着在更高的维度上反哺教师的思维能力和专业行动力。

从我个人的观察看，写作会让教师的现场敏感性和"捕捉力"得到真实的锤炼。有写作习惯的老师会主动去提取教育教学田野有价值的现象。他们会把其中的经验或者失误资源进行储存和审视，使其成为一次结构化表达的重要部件。择善从之。这样的写作过程，事实上也是教师教学行为的嬗变过程。这就是教育写作的"转化力"。把看到的、听到的、想到的做出来，把做出来的写出来或者说出来。如此循环，就形成了教师行动能力自我提升的闭环修炼。

六、安顿自己的身心

如何使个人与自己的灵魂有独处的机会？写作是一个很好的中介。

比如我们每天有太多的时间交付于手机，它给我们无穷的便捷，但也无穷地把我们的生命碎片化了。

好学人士经常收藏"深度好文"，但事实上也来不及细看。有人把这一症状称为"松鼠症"——不断攒，根本不考虑消化。

处在这样的状态下，我们就可能需要写点什么，以写作抵抗自己在碎片化世界中的迷失。

写作不仅是与自己、与他人、与这个世界对话的过程，更是认识自己、感受世事、反刍学习的通道。

其实不仅仅是文学的写作，专业的写作一样可以安顿生命。

每一次的写作，都是让文字为生命存档。写出一篇基于自己真实认知的文章来，其实就是为世界提供对某一问题的认知光亮。

这样的观点可能如极其微弱的灯盏。但在认知世界的黑暗里，这样的灯盏多了，我们就会看得更加明亮一些。

写作，就是用坚持不断构筑自己生命的"金字塔"！

写作是思想冻土上的春耕

这篇文章本不在我的计划内。关于教师写作的价值思考，我觉得前一篇文章《为什么要坚持写作》已经把这几年来所能想到的都写了。就我现在的认知来说，过几年可能也翻不出什么新花样了。

所有的写作，都是一种文字的建筑。有的弯弯绕绕、飞檐走角，有的大开大合、横平竖直。这差不多就是建造宫殿与厂房的差别，两者难言孰高孰低，就看功能需要。写作也是如此。

我写一篇文章，事先都会有一些材料的储备。之所以在某个时刻写了某篇文章，一般是某些材料在某个时刻触动了我。

但就如建筑，一场工程下来，总会有边角料。有的看着很不错，但就是没法用进去。我的电脑里，有很多这样的碎片材料。有的是阅读时拆出来的，有的是修改文章时剔下来的。

这样的文字多了，不去理它，就成了"鸡肋"。这篇文章里的不少素材就是那篇《为什么要坚持写作》的剩料。

之所以决定花点时间一定要让这些剩料重生来面对诸位，有一个原因是我第一次尝试写的时候，突然冒出了一句很酷的表达：写作其实是一场在思想冻土上的春耕。越看越酷，就索性拿来做题目了。

对于职业成长这件事来说，你能够写、坚持写远比写得完美更重要。

教师都有一定的写作基础，但难的是启动。我的主张是有了感触随时写点，哪怕语无伦次，颠三倒四。起初艰难，但多写而自工，表达和思考之刃的确会越用越快。

大概所有的写作者，起步都从模仿拼凑开始，这并不难为情。这样的写作有人称之为"积件式写作"，东拼西凑成一篇有点逻辑的文章。当然别人的语句和案例还是要记得说明出处。不知道出处，也记得给内容加上引号，或者加上"记得有人曾经说过"。

然后你得让这篇文章冷几天，再摊开来敲敲打打，修修补补，随时放些有自己体验的个性化佐料，如此循环几次，让文章的堵点和块垒不断融合消化，渐渐会有文章的气脉和作品感。

写作首先不是为了发表，最重要的是为了思考和学习，是为了滋养思维的锐度和思想的厚度。

或许再过几天，你对这篇文章会有更新的发现，于是你可以在原来的材料上别出机杼，甚至推倒重来，这就是创造性的重构了。这样的事情多做几次，可能你就成为个中高手了。时间一长，你就会有自己的输出结构，就会比较自如地驱使散乱的知识和经验吸附在自己的思想上，形成新的表达。这就是一种知识贡献了。

对于教师职业发展来说，写作是一种很好的知识零存整取、增值获益的方式，是对自己认知系统和思维方式的深度打磨。

哲学家周国平先生说：对于我来说，人类历史上任何一部不朽之作都只是在某些时辰进入我的生命，唯有我自己的易朽的作品才与我终生相伴。我不企求身后的不朽。在我有生之年，我的文字陪伴着我，唤回我的记忆，沟通我的岁月，这就够了，这就是我唯一可以把握的永恒。

这话说得多有生命气息！

作为专业人士，写作就是拒绝自己在专业领域的失语和沉默，不让自己的大脑成为别人思想的跑马场。

以前我认为，阅读是最经济、最有效的教师自我修炼方式。但如果没有写作的输出，阅读的能量会大量耗散。借用假期陪女儿看《斗罗大陆》中的武功体系，无论是对实践的加持还是个体能量的提升，写作都是教师职业发展中最重要的辅助系武功。

对语言的敏感和运用语言的能力是语文老师最重要的基本功，这可能比数学老师的解题能力对学科教学的影响更大。

杰出的语文老师,同时还应该是一个写作者。一个写作者,更有底气成为语文大家。民国那些在各中小学教语文的大师就是很好的例子。

我还建议语文老师可以尝试去经营一个自己的微信公众号,发表一些关于专业和生活的思考,也顺便训练自己的语言感觉。当然还可以为班级学生的作文提供一个自媒体的发表园地。

著名作家王开岭先生说:盘点我们的生命履历,很多时候找不到清晰的理想辙印,有的只是"工具"式的欲求,"工具"式的追逐,"工具"式的生活……生命失去了灵动也失去了鲜活,人变成了"物"之工具,体验不到真正的生命飞跃的快乐。在这个问题上,我们往往已习惯了"醉我,忘我,无我……"

启动我们的写作按钮,是一件值得自豪的事。写下一些什么,都是一种难得的生命刻度,都是"清晰的理想辙印"!

第五章

拥有成长的自觉

什么是教师的真实成长

在我的视野之内,教师的"假性成长"问题十分严重。教师的"假性成长"主要体现在以下两个方面:

一是通过一堂获奖的公开课从此"一课成名"。这样的课往往是区域团队的学术意志和力量的集中呈现。这样的课往往被过度包装。执教者往往只是一个执行者,其主要的使命就是获取更高的奖项。

笔者曾听一位教师聊起他参加公开教学的经历,他说:课到最后,已经没有自己原先的一点想法,自己有点像"提线木偶"。更让人担忧的是"一课遮百丑",因为能上"赏心悦目"的公开课,教师专业领域的其他问题都被掩盖了起来。这样的教师,严格地讲,其专业发展的可持续性是值得怀疑的。这不应该成为我们培养教师的方向。

二是通过写"论文"、做"课题"跻身名优教师队伍。在当前学术风气不甚理想的背景下,通过"假科研"而登堂入室的教师不在少数。但这些教师的教学质量不被认可。这样的专业发展方向,也十分值得我们警惕。

我们究竟需要培养怎样的教师?个人认为"真正有实力的教师"须有四种特质:接地气、会研究、有视野、上好课。

一、接地气

人各有所长,教师也是如此。但是我们不能因为关注"各有所长",而忽视了教师培养的逻辑前提,那就是教师的职业价值和专业尊严首先源自自己的教学现场。

接地气指的就是教师必须立足于自己的教学现场,更多地回到自己学生的生命处境去研究问题、改进教学,成就学生,同时也成就自己。只有自己的班级和学校才是自己专业成长的真正土壤。如果这个观念不树立,热衷于"秀课",热衷于"试教",热衷于"出名",把学生和学校资源当作工具,那么我们的各类培养就失去了应有的价值。这样的专业成长我甚至认为是"不道德"的专业成长。

二、会研究

会研究是一位名优教师专业成长的助推器。但从我的从业经历来看,学科教师的专业研究生活中充斥着太多"去研究""他研究""伪研究""浅研究"等现象。教师的研究离现场太远,离真实的问题太远。

一名学科教师做研究,首先需要有发现问题的能力,要能够扣住学科本质,基于教学现场提出自己能够解决,又最想解决的问题。然后是要有解决问题的设计,配合持续而有深度的行动跟进。最后,以自身教学实践的实例与细节为基础,提炼个人对解决这一学科教育教学问题的看法,初步形成"个人理论"。

坦率地讲,只有基于真实问题进行研究与改进,你所学的碎片化的知识和经验才会重新联系,让你对学科教学的某一细分领域的认识趋向结构化。只有从问题出发,你才能让一地的"知识沙砾"聚合成属于自己的"金字塔"。

三、有视野

学科教师的专业成长不仅需要脚踏实地,还需要"仰望星空"。我一直觉得一个人的视野会决定他能走多远。

专业阅读是教师开阔自己学科视野的最重要的途径,也是教师专业发展的基本保障。

阅读需要有一些规划。以语文教师为例，在我看来大概可有以下几类阅读：第一类是人文类阅读，如阅读《中国哲学史》《乌合之众》等。这类阅读不求当下有用，只求心灵的滋养和陪伴。如果把此类阅读置放在一个更漫长的专业生命的长度中来看，我们会发现此类阅读看似无用，实有大用。第二类是教育类阅读，如阅读《给教师的建议》《教学勇气》《静悄悄的革命》等。这类阅读旨在提升学科教师的教育学素养，引导教师完整理解教育的本质，内心认同教育的价值，寻求教育生活和个体心灵的相契。第三类是语文学科类阅读，旨在让老师认识学科基本规律，把握学科的学理基础，如阅读《语文课程论基础》《语感论》等。第四类是专业特长塑造的方向性阅读，如对儿童阅读推广有兴趣的老师必须读读《朗读手册》《打造儿童阅读环境》《说来听听》等。

我特别想说的是，优秀的语文教师应该是一名文学爱好者。比如一名优秀的小学语文教师，必须有良好的儿童文学素养。但是由于师范教育的缺失和后续培训的缺位，教师的儿童文学素养实在堪忧。

四、上好课

课堂教学是教师的立身之本。尽最大努力把课上好是教师的天职。课堂有基础的教学技术，就如一幢房子，需要基本的材料。技术可以模仿，也需要模仿。但要想结构化地使用，需要个体在现场的摸爬滚打中，学会不断地与自己对话，在反思性实践中上好自己的课。

上好课既要自己琢磨，还要学会同伴之间的相互学习。特别是在学校中，要抓住机会上公开课。在众目睽睽之下的公开课教学，能够唤醒和调动一个老师全部的专业潜能和生命力量。

客观地说，提升上课水平最快的方式就是上课给其他老师看，请他们观察学生的学习历程并客观评论自己的课堂。最后你会发现因为自己的课堂"被看见"，而能够相对完整清晰地"看见了"自己的课堂。这样的过程对自己的课堂理解很重要。只要多一重理解，你的课堂就会多一种改进的可能。

良师难得！这不仅需要专业的修炼，更需要生命的修炼！

一线教师成长的四大战略

对于教师的成长,我们有很多具体策略层面的探索和实践。但我现在想尝试从更宏大的战略层面来谈谈一线教师如何丰富、完善自己,强大个体专业生命的能量。

一、培育自己的人文修养

教育是与未成年人建立联系并实施影响的学问。确切地说,教育属于人文领域的范畴。人文领域的学习,除了传授,更重要的是涵养和熏陶。

教师对学生个人的影响,不仅是习得学科专业的知识与能力,更在于整体的人文气质与素养的耳闻目染。

最好的教育一定不是只停留在技术层面,而来自内心的认同与心灵的完整。不夸张地说,教师其实是以整个人的形象工作的。

很多时候,教师的人文修养,恰如教育的水和空气。

如果在本学科的修为之外,教师还在书法、美术、音乐、文学甚至是收藏等艺术领域有自己的修养,那将是学生之福、教育之福。我接触到的许多语文教育大家,大都有这样令人叹为观止的才华,或张口能唱,或笔走龙蛇,或能信手成诗,有的甚至自己就是作家、书法家等。

不管是哪一个学科的老师,涵养自己人文修养最便捷而有效的方式就是阅读,特别是人文、思想的阅读。

对于语文老师来说,这样的人文修养更是必需。试想一个长期没有"书香"浸润的老师，怎能上出优雅的、富有人文气息的语文课？怎能培养出适应未来社会发展的终身阅读者？

二、架构专业的教育大脑

教育是一种专业行为。过去农耕社会中只要识字就能做老师的时代已经一去不复返了。

专业就意味着不可替代。

要架构专业的教育大脑，最基础的方式还是专业领域的阅读和揣摩。

理想的学科教师的专业大脑，除了必备的教育学和心理学的常识，其认知结构的底部应当有一两本学科公认的奠基之作。这样的书有两个特点，一是能阐述学科的学理，二是常被名师引用和推荐。这是具有专业功利目的的阅读。这样的书你可能经常听到，但是身边真正阅读的人很少。

这样的书籍学术性强，读来会缺少感性的愉悦感。如果实在读得难以坚持，你不妨从其他名师的学习札记和体会那里开始入手，这样的方式恰如盐在汤中。然后逐步登堂入室，最终形成自己大致的专业地图的框架，形成自己对学科的理解。

专业还意味着需要不断地迭代升级。所以，教师必然是一个终身学习者。

三、做反思实践的行动者

如果有诺贝尔教育奖，我认为"学习共同体"理论的创立者佐藤学先生必会是其中的大热门。而且可能不会像村上春树一样，虽然热门，但总是陪跑。

我把佐藤学先生称为我们教师的"行动导师"。作为"付诸行动的研究者"，他三十年如一日，遍访日本全国各地学校，每周至少两天扎根中小学与教师一同研究教学，倡导创建"学习共同体"。笔者曾有幸几次近距离接触了他的工作过程，更让我叹服他的行动能力和思考能力。

有专家认为，教师是天生的保守主义者。我基本认同这样的观点。在我的工作经历中，的确存在着一些教师多年的教学经验不过是工作前一两年工作的重复。

在专业生活中，其实我们的思维有着很多的怀疑、踌躇、困惑和心智上的困难，但这些可供反思、可供改进的契机往往由于各种原因被我们忽视了，遮蔽了，以致最后陷入反思性思维的麻木，最终被教育的大时代抛弃而不自知。

反思本质上是教学研究中最重要的思维方式。它是教师自我认知和自我监控的思维机制，是教师理性思维成熟的核心特征。

反思+实践+反思+实践=成长。如此循环，知行合一，这是一再被证明的专业成长最朴素的公式。

开展自己的教研，发表自己的见解，解决自己的问题，改进自己的教学……专业成熟的教师，都具有实践者躬身入局、吐故纳新、不断登攀的勇气。

四、成为健康、阳光、有趣的人

工作本质上是教师的另一面生活。如果把工作与生活作为对立面来思考，工作的品质是令人怀疑的。

一个不热爱生活的老师，我很难想象他如何热爱工作？

我成长的岁月里聆听、学习了很多的"先进教师"的事迹。说句实话，那样的事迹大都是把教育工作描绘成了一种包身工式的"苦难挣扎"。很多的时候，年轻的我更多升起的是怜悯或怀疑，而少有一种要学习的冲动。

过去"评优树模"时"没有功劳也有苦劳"这类评价教师的思维方式应该得到摒弃了。

优秀教师不等同于病痛缠身，优秀教师也不等同于一定要牺牲小我。

好老师首先应当是健康、阳光、有趣的。

教师身上有的，必会投射到学生的身上。我坚信这一点。

整理出这份教师成长的战略清单，希望能为更多的同路人提供参考。期望通过我们自己的努力，让教师群体在任何时候都能赢得家长的真实尊重和社会的真实敬意。

这不仅是为个体，更是为国家和未来。

做更有专业素养的教师

在所有的专业领域中,教师和医生经常放在一起类比。两者面对的都是人。医生更多面对的是人的身体,教师则更多面对的是人的认知和思想。医生面对的是各种年龄的人,而教师更多面对的是具有成长可能性的未成年人。

名师和名医都是现实生活中的极度稀缺资源。我和一位有医学工作背景的朋友聊过什么是名医。他跟我这样描述:一个真正的名医会不断追求以最小的代价获取最好的医疗效果。比如一位外科手术名医的手术完全可以用艺术来形容。

后来在吴军老师的《硅谷来信》中见到这样一段话:我曾经和约翰·霍普金斯医学院以及斯坦福医学院的一些著名的教授(当然也是名医)聊过名医和一般的好医生有什么不同。他们传递给我的都是同样一个信息,名医和一般的好医生的不同,并不在于前者能治好后者治不好的病(而且根据他们的观点,真遇上了绝症谁也没办法),而在于前者的治疗效果(预后)是可以预期的,是稳定的,因此病人找他们放心。

由此我想到,一位名师的核心标志也就是两点:一是以最小的成本,获得最佳的教学质量。比如像孙维刚老师这样的。二是名师的教学质量是可以预期的。在多年的教学经历中,教学质量相对稳定,不见得他能够教好所有学生,但是他一定是大面积提升学生学业水平的。

我接触到过这样一位名师(我这篇文章中涉及的名师,主要指自己带着班级的老师):课堂形象和语音面貌都很普通,但她的教学扎实有趣,而且和学生有很多默契语言。不管是公开展示,还是日常教学,她的课堂教学几乎看不到有什么不同。如果是借班上课，课堂表现也依然一贯的平和稳定。

任何行业的从业者都有专业和业余之分。这跟工作的年限有一定关联，但是没有必然的对应关系。在我工作的经历中，见到过不少教了很多年书，但是依然十分业余的教师。有些教师到了退休，但他的专业水平依然停留在业余的状态。不客气地讲，教师和医生的专业化程度还是有着比较大的差异。教师退休后值得返聘，或者能转任年轻教师的教练，这样的比例现在还是太小。

专业和业余的区别并不在于后者教不出一两个好学生，而在于业余的教出少数几个好学生，还可能伴随着比较多落后的学生。这样的教学质量整体上是糟糕的。具体到课堂上，比如有的教师在团队的帮助下，也可能上出一些好课，但是由于缺乏对学科本质和课堂运行的理解，课堂质量的稳定性依然是存疑的。当然这样的经历是业余向专业跃升的必要过程。相比之下，更加专业、成熟的教师的课堂贡献要稳定得多。

如何成为一个更加专业的教师？我个人有如下建议：

有专业素养的教师能很好地控制自己的情绪。比如他面对学生会始终微笑。尽管他生活中不见得就是一个喜欢微笑的人，但是他懂得面对学生，微笑是最好的师生关系的黏合剂。专业的教师不会因为自己的一些私人的因素就不加控制地影响到工作，也不会因为学生花样百出的错误和问题怨天尤人。

有专业素养的教师遇到教学问题必会躬身入局。尽管解决这些问题有种种限制和约束，但他们还是愿意花时间去寻找更好的资源和方法，而不是应付了事。因为这样的教师懂得"进一寸有一寸的欢喜"。

专业素养出色的教师会有反思和总结工作中经验和规律的习惯。比如一位优秀的中学班主任，能及时发现学生厌学、思想松懈的苗头，会在没有学校要求的情况下主动召集家长，商量对策，协调沟通，取得共识。

再如面对班级中普遍存在的"问题学生"，教育专家王晓春先生的《问题学生诊疗手册》就给我们呈现了什么是面对"问题学生"的专业处理方式。我这里摘录本书第四节"问题学生诊疗的正确思路"中的十个方法：

（1）遇到问题，先稳住事态。

（2）不急于作是非判断和道德归因。

（3）不搞"态度挂帅"。

（4）先问"为什么"，而不是"怎么办"。

（5）了解情况时，行动观察法与心理测验法双管齐下。

（6）横向、纵向全面了解学生情况。

（7）确诊前，要提出多种假设。

（8）确诊时，一定要使自己的初步结论合乎逻辑，经得起推敲和质疑。

（9）确诊时，要首先考虑问题在谁身上，以免某人得病，他人吃药。

（10）确诊后，一定要有具体的、因人而异的治疗措施。

（11）根据治疗效果的反馈来评估自己的诊疗并随时修正。

读着这些看似琐碎的思路与方法，我们就可以感觉到教师的任何工作都是具有强烈的现场性和具身性的。真实世界是复杂的。所有好的理念与理论，包括那些耳熟能详的名言警句，我们都需要还原到现场，根据个体真实的处境，去设计、组装、调试解决问题的方法与路径。

有专业素养的教师能在任何工作情况下都为学生着想，他们不会因为看到学生是"问题学生"而存偏见。专业的教师更不会对学生嫌贫爱富。

所有社会上的行业都有基本规范和基本运行规律。教育工作也是如此。行业的规范是工作的边际。不越"雷池"同样是对自我的保护。基于教育的基本规律来从事教育工作，在我看来，最重要的是教师要深谙学生的人性，懂得每个学生都有自己的生命处境。对于学科教师来说，还体现在学科教学要紧扣学科本质，培育学生用学科思维去理解和解决各种问题。

当然，具有专业素养的人都是在变化与动态中进步的。无论是医生还是教师，一流的从业者都是最出色的自我学习者。在我的职业经历中，看到过很多天资很好的年轻教师，但最后如夜空中的烟花，未能在专业上走得更远。也有天资一般，甚至教学基本功很糟糕的，但恰如著名绘本《犟龟》中的主人公陶陶，一步一步，步步扎实，终于成为名副其实、声誉日隆的名师。

做更有专业素养的教师，更需怀拥空杯心态。在真实的教育世界中努力改变一点点，一点点改变。

成为坚定的自我学习者

知乎上有个热门问题：为什么大多数人宁愿吃生活的苦，也不愿吃学习的苦？调侃之外，点赞最高的答主特雷西亚是这样说的：

"生活的苦难可以被疲劳麻痹，被娱乐转移，无论如何只要还生存着，行尸走肉也可以得过且过，最终习以为常，可以称之为钝化。学习的痛苦在于，你始终要保持敏锐的触感，保持清醒的认知和丰沛的感情，这不妨叫锐化。"

生活的苦，的确会让人麻木。时间一长，你会习惯在其中生存。有时甚至你会觉得这就是你的宿命。生活中经常会有人有各种理由为自己的处境开脱。所谓"可怜之人必有可恨之处"。很少有人去拼力挣脱这种处境，离开已经习惯的生命"舒适区"。

有一年寒假，我看了十几部豆瓣的高分电影。这些电影大致的基调就是生而为人的生存艰难和希望。其中一部是根据真人真事改编的奥斯卡金像奖电影《当幸福来敲门》。又是一个感人至深的好故事。但阐释的依旧是一个永恒的命题：无论何时何地，面对世事艰难，生命坎坷，人都应当努力学习，努力拼搏，永怀希望。

幸福从来不会轻易来敲门。约束自己，学习控制自己的行动边界，比身边的人更努力一点，生活自会演化出世俗的幸福，就如影片最后主人公克里斯的喜极而泣。

从我个人的理解来看，有时间真的还是要多读伟人传记，多看励志电影，尤其是对于来日方长的年轻人。保持对现实处境的警惕，保持学习的自觉之心，对于个体的生命意义重大。

但学习实际上更像是给自己找别扭，有时就像进入游泳池，如果你感觉到有点呼不上气了，脚底踩不到池底了，这个时候真实的学习就发生了。学习的苦，始终在于自我的否定与重建，需要在认知的撕裂与痊愈中循环往复，但这种尖锐的疼痛感伴随的是个体认知和精神生命的进化。

无论如何，我们都要努力学习，不断扩展自己的认知半径。如此，认识这个世界的事物就会多一种角度，多一种洞察力。

我原来一直以为"一个人看到哪里，才有可能抵达那里"。今天我要加一句话："一个人看到哪里，才有可能不去那里。"不是所有你想做的事情都可以去做。扩展认知半径，能让我们更理性地知道自己的能力边界和发展可能。

生而不易，但世界总会为努力学习者让路。

坚持专业学习的现场主义

新儒家代表人物牟宗三,年轻时学过文学、社会学、法学等,最终他的治学落脚到了哲学。晚年他感叹道:"不是自己生命所在的地方,就不是真学问。"

什么是教师专业生命所在的地方?那就是教育教学现场。所有让人激动的学问如果不能进入现场这一专业生命所在的地方,就终会流走。如果没有回到课堂,没有回到自己的教学田野,所有的理念都是夜空的烟花,都难以成为教学的生产力和师生成长的真实养分。

我们太多的老师长期埋首与沉溺于琐碎繁杂的日常教学事务,深藏于教材和学生作业本之中。师生之间的交往主要发生在"知识"的传送带上。我们用这样的方式经营着自己的专业生命现场。日复一日。

对于一个事物,如果没有多维度地观察,我们的思维就会陷入逼仄的境地而不自知。

教师不是简单的"知识传输者",而是有其自身价值的"专业创造者"。

问题是创造的土壤。教室中涌现出来的各种问题,就是教师专业创造的土壤。教师的不可替代性,就体现在对现场教学复杂性问题的处理能力。

我们都知道教室中有的问题永远没有办法去抛给校长,抛给专家,因为校长和专家也不知道具体的班级各是什么样子,各有怎么样的学生。

作为一位具体班级的教师,一位被国家和组织赋予承担学生教育责任的成年人,我们只有躬身入局,把自己放进教育现场,把自己变成解决问题的关键变量,才能在自己的教室里解决问题。

问题是教师专业生命的朋友,你永远消除不尽。它就如人类的病痛,既是敌人,也是伙伴。我们研究它,消灭它,也要学会与它共处于这个世界。面对问题的能力,就是教师最真实的专业能力。

现场就是最好的老师。

在自己的现场中反思,在同行的现场中借鉴。

我们既是在现场中学习,也是为现场学习。

现场学习力,就是教师最重要的学习能力。

坚持成为专业生活中的反思者

人生,就是一场邂逅问题的修行。教师工作也是如此。每一位教师的专业生活,总是与真实问题纠缠在一起。这些问题就像脚下的路,你一直走,它一直延伸,直至你退出教育工作场景。

从我个人的观察看,专业领域的成长,勤奋很重要,但并不是决定因素。南辕北辙,越努力越坏事的教训在我们周围并不少见。

思维的深度,决定人的高度。思维的品质,决定专业生活的品质。

教师专业生活的命运差异,藏匿于我们的思维网络,取决于我们面对问题的思考方式。

在我看来,反思能力是最关键的一环。

"反思"一词,据说最早源于佛学,是指人对照佛祖的规训,对照自己的行为,在内心自我剖析、自我谴责、自我慰藉、自我律戒,以到达灵魂升华的境界。

日本著名教育家佐藤学先生则把教师角色理解为"反思型"的实践家。

波斯纳认为,教师反思的对象是教育经验。在实践场景,教育经验可以拆解为指导教育教学的理念与具体的教学行为。

尽管教育是实践至上的工作,但学习反思自己遵循的教育教学理念,依然有着巨大的意义。从大的方向看,这样反思有助于教师检视自己的教育教学行为是否符合教育的本质,符合教育的科学。坦率地讲,在一线的实践场域,我们有许多背离教育本质的行为,由于缺乏专业生活的反思机制,日子一久,甚至麻木,习以为常。

我读到过一个寓言：

从前有两个人在河边发现了一个正在水里挣扎的孩子，赶紧把孩子救了上来。刚救完一个，又漂来一个溺水的孩子，他们就赶紧再救这个……结果孩子一个接一个地飘来。于是这两个人中的一个人说："我不在这里救孩子了，我要去上游看看是谁在往河里扔孩子。"

这个寓言告诉我们在面对一件事情时，除了忙于解决眼前的困境，我们更应该追本溯源，想办法从上游去寻找问题的源头。

反思就是一种典型的"上游思维"。它要求我们对面前的教育工作多一些清醒，在习以为常中，多进行追溯性的思考。

当然，对于一线教师来说，更多的是对具体教育教学行为的反思：切己体察，以此发现问题，寻求改进，提升自我的专业素养。

反思是一种元认知过程，是对自己的言行进行监控的活动，使自己的言行有可能得以进一步改进。

反思不仅代表着专业意志，还代表着专业能力。要形成这样的专业能力，可以从多个方向和维度进行修炼。

在我看来，教育叙事是个体形成反思能力的最重要的入门功夫。教师通过对教育教学事件的叙述，特别是关键细节的展开，能够让自己重新看见自己的教学行为，重新理解原有经验，提升对教学行为的理性认识。

用文字记录、反思自己，其实就是用第三只眼睛持续"死磕自己"。

孟德斯鸠说过：任何他人的建议或意见都无法代替自己内心强烈的呼唤。

在反思通向实践的路径上，个体还需要与他者对话来修正、深化和共享反思的成果。这样的对话，是更具思维含量的解释性反思。

教师的专业生活，迫切需要建立起基于个体自主反思的专业对话机制。

人的最大的惰性是思维方式和行为习惯的惰性。

提倡反思力，本质上解决的是教师专业生活内源性动力不足的问题。

坚持成为长期主义者

2020年新学期的工作和个人计划，在年前都已敲定。虽然知道最后计划总有些变化，但肯定仍在认知和想象的边界里。所有人都和我一样，只等春节休息调整一下，便继续去好好耕耘2020年这段人生。但这一回，却把自己甩到了原来的经验之外。

一场疫情，给世界按了暂停键。原本喜气洋洋、热气腾腾的春节被兜头浇了盆凉水。所有的习以为常在2020的开局拐了大弯，奔腾喧嚣的生活至此沉滞黯淡。

这回，我们算是扎扎实实地感受到了什么叫"你有你的计划，而世界另有计划"。

作为普罗大众中的小小个体，在一场大事件中微如尘埃。

作为一粒会思想的尘埃，或者一株芦苇，我们如何对抗世界的不确定，对抗生命的虚无？在现实的泥泞里，我们如何让自己多一些确定的安全感？对于极其有限的生命时间，如何赋予自己更看得起自己的意义？

人生而自由，可自由永远在更高处。

没有努力累积的高度，哪有相对自由的光辉！

我欣赏金庸先生言：人生就是大闹一场，悄然离去。

这闹不是胡闹，你凭什么在茫茫人海中翻起些许波浪？

在电脑里翻到了一篇励志文，其中介绍了几个关于自然界现象的所谓成功定律。

荷花定律：一个池塘里的荷花，每一天都会以前一天的两倍数量在开放。如果到第 30 天，荷花就开满了整个池塘，请问：在第几天池塘中的荷花开了一半？答案不是第 15 天，而是第 29 天。

竹子定律：竹子在长出地面之前，4 年的时间仅仅长了 3cm。从第 5 年开始，每天都会以 30cm 的速度疯狂地生长，只需要用 6 周的时间，就可以长到 15 米。其实在前面的四年，竹子将根在土壤里延伸了数百平方米。

尖茅草定律：尖茅草是非洲草原上的一种草。在最初的半年里它几乎是草原上最矮的草，只有一寸高。在长达 6 个月的时间里，尖茅草的根部长达 28 米，吸足营养，无声地为自己将来成长做准备。当雨季来临，尖茅草就像被拖高一样，每天长一尺，三五天就长高到 1.6~2 米，一跃成为"草地之王"。

金蝉定律：蝉要先在地下暗无天日地生活 3 年（有一种美国的蝉，要在地下生活 17 年），依靠树根的汁一点点长大。然后在夏天的一个晚上，悄悄爬到树枝上，一夜之间蜕变成知了，飞向天空，冲向自由。

这些都是来自慢变量的震撼。这四个案例，我读出了一个字就是"熬"，四个字就是"长期主义"。人生最需要重视的正是这些缓慢的、长期的，而少为别人认知的变化。

苏轼在《晁错论》里说："古之立大事者，不惟有超世之才，亦必有坚忍不拔之志"。我想表达的是，作为普通人我们可能做不了惊天动地的大事，但我们都需有可以赖以生存的工作和手艺。要想变得更好，就需要用足够长的时间去积累、蓄势、反复打磨。

比如以我熟悉的教师成长为例。每年各地都有一批新教师入列，大家个体虽有差异，但因为经历过各种考核，基本的资质相差并不大。但三五年之后，我们就发现差距会很大。如果时间的维度拉到十年以上，最优秀的教师与最弱的教师就专业的问题可能已无法形成真正的对话。

在我的工作经历中，遇到过不少教学基本素养优秀的老师。但是多年过去，这些老师早已泯然于众人。我也遇到过一些教学基本素质，比如"三笔一话"十分平庸甚至糟糕的老师，但是有些人现已是熠熠生辉的名师。对于成长这件大事来说，我深感最重要的不是聪明，不是技巧，最重要的是守得住初心，经得起打击，耐得住寂寞。

我有时阅读、观察甚至复盘一些成功教师的成长经历，发现厉害的人都有一样的厉害，那就是坚持长期主义。

钱穆说："古往今来有大成就者，诀窍无他，都是能人肯下笨劲。"

胡适说："这个世界聪明人太多，肯下笨功夫的人太少，所以成功者只是少数人。"

行百里半九十。其实太多的人甚至坚持不到九十里就放弃了。这个世界上，每一个行业，只有极少数的人能咬牙坚持，日拱一卒。如同前文自然界中的那四个物种，其中的变化缓慢、持续而坚定。有了长期主义的坚持，才有机会完成质变，突破成功的临界点。

诺奖得主朱棣文说：生命太短暂，你必须对某样东西倾注你的深情。

世事无常，精进不已，可能是唯一靠谱的人生策略。

如何面对一次专业生活的挑战

在"得到"中看到关于 2019 年的奥斯卡最佳纪录片《徒手攀岩》的一些介绍,引起了我的好奇和思考。

《徒手攀岩》记录的是一位叫作亚历克斯(Alex)的职业攀岩运动员,徒手爬上一座悬崖的过程。那座悬崖,叫作酋长岩,是地球表面上最大的一块单体花岗岩,高 914 米,比世界上最高的建筑迪拜的哈利法塔还要高。在纪录片中,亚历克斯说了一句意味深长的话:"风险和后果是两回事。徒手攀岩的风险很低,只是后果很严重。"

这件事的后果严重很容易理解,但他为什么说风险很低?他的答案是勤于练习。他用八年时间在不同的条件下练习攀岩。光酋长岩,他就带着绳子爬过将近 60 次。每次攀岩回来,第一件事就是记笔记。岩石上,哪个地方有一个微小的凸起可以借力,哪个地方手和脚应该怎么配合,亚历克斯都熟记在胸。平时还有各种力量和心理训练。在徒手攀爬之前,他又花上一天时间,在脑中反复推演可能会遇到什么问题,遇到了如何解决,最后是别人看了心惊肉跳,而对他不过是一次寻常的攀爬。

作为一名职业老师,我们也经常会遇到各种来自专业生活的挑战。比如要在许多老师面前上一堂公开课;要在一次专业活动中发表观点;一星期后,领导指定你要上交一篇专业论文参加评比……再比如因为疫情,我们需要暂时转换工作跑道,从原来驾轻就熟的线下课堂教学,必须去尝试线上教学。

虽然教育工作不如徒手攀岩这样刺激,但各种来自外界和自身的挑战,几乎会贯穿我们的职业生涯。其实从事任何一项专业工作,都要意味着放弃一部分的轻松舒适和自由,要接受各种真实而具有约束的挑战。

比如你接到任务要去上一堂公开课。公开教学具有各种约束，可能是规定的准备时间，可能是规定的内容，也可能是你缺很多帮扶的力量。如此种种，都是阻碍你成功的约束，这种约束复杂而充满挑战。尤其是借班上公开课，这种复杂性会被急剧放大。教师背负的压力可想而知。

面对压力和不确定性，退缩和害怕是正常心理。哪怕是全部准备到位，也会害怕课堂上出现各种意外。上课中老师忘记教学环节，甚至突然卡壳、忘词等教学事故随时都会发生。反观名师的课堂，他们似乎可以在课堂中见招拆招，甚至可以随心所欲，但学生的学习就那么真实而有深度地慢慢发生了，以致下课铃响了学生都会不愿意下课。

看看亚历克斯攀岩的过程，我们就会突然意识到高手不是享受更多的自由。恰恰是反过来的，高手看到了更多的限制。如果你看到了一堂出色的课，一定是上课老师看清楚了上好这堂课的各种边界和约束。他们认真地接受这种约束，与之和谐共处，不会做过多的无谓担心。

参照亚历克斯攀岩的过程，老师上好一堂课，也需要把大的挑战分解成许多小的挑战来落实。甚至不仅是当下的应对，还需要像亚历克斯攀岩一样有长期的储备和应对。

比如教育名著《给教师的建议》中的这个案例：

一位有 30 年教龄的历史老师上了一节公开课，教师们和视导员准备写点意见以便下课后提出来，但他们听得入了迷以至于忘记了做记录。下课后，听课的老师问这位历史教师花了多少时间准备这节课。这位老师回答道："对这节课，我准备了一辈子。而且，总的来说，对每一节课，我都是用终生的时间来备课的。不过，对这个课题的直接准备，或者说现场准备，只用了大约 15 分钟。"

不仅是一次公开课的教学，教育工作的所有专业能力都需要我们长期准备，刻意学习。多一些准备，你就多一些确定性，就少一些挑战来临时的恐惧。

用长期的准备对抗不确定带来的恐惧，这是最笨的也是最有效的办法。就如曾国藩所说：结硬寨，打呆仗。

再比如我们一线教师在专业生活中都很害怕现场评课，都怕自己说不到点子上，怕拿捏不好得罪别人。

不愿抛头露脸、不愿在公众面前发言是我们很多人的共有特征。但是专业的精进需要在公众面前对话和交流，有时甚至需要弄斧到班门。我经常听老师说，最怕被人现场点名让自己说两句。这样的心情我很理解。我自己也是如此过来的。

我年轻的时候十分钦佩一位当地的名师，发现他无论是上课还是讲话，简直完美到无可挑剔。他的评课录下来，就是一篇晓畅练达、法度严谨的学术文章。一回我们一同去当地一所小学参加活动，按照要求我们下午都有一个评课的任务。中饭过后，我大致做了准备，翻了一下听课笔记，做了标注，列了评课的小标题，然后就和其他几位在会议室侃大山了。唯独他在会议室的另一端静坐疾书。我去给他倒水，发现他的笔记本上早已写满几张。下午的大会评课，我们几位还手拿听课笔记，但他全程脱稿。虽然教研员当时也表扬了我，但我看清了其中的差距。

好记性不如烂笔头。讲之前写一下，留下痕迹，一定比你只凭思考临场发挥效果好。这也影响到后来我对学员的一个严苛的要求：所有评课都需认真准备，但是发言时都必须全程脱稿。

这同时也促使我以后听课特别认真。有一段时间，我能几乎同步记录一堂课师生的对话，并可即时进行简要点评。虽然有的时候写的字连自己都不太看得清楚。

如果你现在正面对一个专业生活的挑战，如果你真的有应对这个挑战的意愿，资源其实比想象的要丰富得多，解决问题的路径也比你看起来的要多得多。

关键还是要躬身入局，把自己摆进去。可能多问自己几个"怎么办"，就有机会成就自己。

这也让我想起了胡适先生的那句话："管什么真理无穷，进一寸有一寸的欢喜。"除了必要的工作应对和生活日常，我们可以抽一点时间来反思盘点一下自己已经过去的专业生活状态。一为调和焦虑的身心，二是可以通过反思提升自己的专业能力。

如果我们每次面对挑战，哪怕是一次小小的挑战都能认真准备，那么在一个更大的时间维度里，我们的专业能量就能从量变到质变。这就是以长期主义对冲外部世界的不确定性。

基于问题取向的教师知识学习

有一个有趣的段子：

爱因斯坦提出相对论后被很多大学邀请去做报告。他因此疲惫不堪。一天，司机对他说："你太累了，今天我帮你做报告吧？"爱因斯坦问："你能行吗？"司机说："我闭着眼睛都能背出来。"司机上台果然讲得滴水不漏。但刚想下台时，一位博士向他提了一个非常深奥刁钻的问题。司机不知怎么作答，幸好脑瓜转得快："你这问题太简单了，我司机都能回答。"爱因斯坦站起来几句话就回答了问题。博士惊呆了："没想到他的司机也远胜于我。"在回去的路上，司机对爱因斯坦说："我知道的只是概念，你懂得的才是知识。"

这个故事让我联想到了当下教师的专业学习。

教师专业学习的重要性不言而喻。以浙江省为例，每五年每位老师都要经历360学分的培训，其中包括为期12天的90学分的集中培训。此外还有每年的各类学科教研活动。据笔者观察，在各类教师的培训活动中，授课者一讲到底，去问题化是一个比较普遍的现象。学习与教学现实脱节，教师能动性未能很好激发，是当下行政主导的教育专业学习面临的困境。

任何的学习，如果知识不被运用与转化，就不能被个体真正体验。这样的知识充其量就是一堆冰冷的概念。这样的知识不会穿越学习者的身体，成为学习者的素养。

除了行政主导的培训式学习，教师还有大量的有意无意的自我学习。比如时下最常见的基于互联网的碎片化知识学习。这样的学习，优势在于便捷，随时可以利用碎片化的时空进行。但同时往往也附带着知识零碎、缺乏结构性的问题。而且这样的"瞬间点开"机制，容易成瘾，由此带来深度思考和真实行动的缺失。

就如乔布斯说:"你得到的知识根本称不上知识,充其量只是信息。"

比如在我的手机和电脑里,也收藏了大量的所谓干货文章。但我越来越明白,这很像松鼠囤积松果,除了不断增加数量,其实很难有真正的学习和改变。

很多看似这样很努力的人,往往就是在用战术上的努力来掩盖战略上的懒惰。

法国人安德烈·焦耳当在《学习的本质》一书中说,所谓学习,就是改变我们自己的"先有概念",从一个既有的解释网络,过渡到另外一个更加合理的解释网络,以处理眼下的情景。

我们很多时候就跟爱因斯坦的那位司机差不多,看似经常囤积知识,以为收藏就是学习,但收藏除了体现知识焦虑感,很难真正提升认知。

我们往往只是"知道",而不能"理解"。

奥苏贝尔、布卢姆、威金斯、麦克泰等学者以及哈佛大学的"零点研究"项目都对知识理解做过出色且深入的研究,提出的有关理解的四个维度可以给我们很大启示:

一是能建立起知识间的联系。

二是能做出判断以及新的探索。

三是能运用知识。如用经济学知识设计一项金融计划进行投资和储蓄。

四是能用多种形式表达出来。

这样的理解,才是真实的、高阶的知识学习。

所有的学习,大致都有三个区域,一是舒适区,二是学习区,三是恐慌区。

舒适区的专业学习,只是原有知识经验的平面移动,真正的学习与改变并不会发生。而恐慌区,则距离认知的最近发展区太远,学习者无论怎样努力都无法抵达。恐慌区造就的是更多的学习失败者。

所谓学习,其实就是摆脱舒适区,进入学习区。

多年的职业经历让我认识到,在教师的专业学习中,特别是需要突破发展高原期的骨干教师,最便捷和最有效的方式就是聚焦你遭遇的教育问题。这是真正的学习区。

基于自身教育现场的问题确立，正是你主动为自己的专业精进设立的某种挑战。在这种挑战性的学习中，你要发现自己的知识漏洞和思维缺陷是相对容易的。这样基于现实教育的问题解决，能让你的专业学习远离庸常的平衡和稳定。在不断的主动失衡中，你会主动建构起更高阶的专业能量，如此往复，螺旋上升。

爱因斯坦说：未经思考的知识不是知识。对于教师的专业学习而言，我想说的是未经运用的知识都不是知识。

庄子说：吾生也有涯，而知也无涯。以有涯随无涯，殆已！对于教师的专业成长来说。我们需要"弱水三千，取一瓢饮"的学习姿态。这"一瓢"，能够解决学习者遭遇的问题，能够为学习者的专业生命赋能。

好的学习，本质上都是问题驱动的。面对遭遇的问题，学习者会本能地感到本领恐慌。旧有的认知模式和思维边界会让人感到自己浅薄。但这正是专业学习的开始。

在每个教师的教育现场，问题可谓俯首可拾。但什么问题最需解决，而且通过努力能够解决，这是一个教师专业学习的最大问题。

其实问题的发现与聚焦，本身就是一种学习。诚如爱因斯坦所说：提出一个问题，往往比解决一个问题更重要。它需要经历不断地思考和对话，一直到能清晰地提出一个明确具体的真实问题。

知识未经运用和解决现实情境中的问题，它永远无法成为一个人真正的素养。无论是看起来多么酷炫的理论和策略，未经教育现场的考验，未能尝试去解决教育中的问题，这样的学习产生的知识必然是静态和惰性的，必然是那些容易脱落的脆弱性知识。

一线教育工作是实践至上的学问。所有的教育知识只有进入学习者的教育场景，解决学习者的教育问题，这样的知识才有可能转化为属于学习者的实践性知识。这样的知识才会有活性，才会与个体专业生命产生粘连，沉淀为学习者的专业素养。

一线真实问题的发现与解决，标志着学习者的专业学习真正从舒适区进入学习区。

世界是在直面和解决一个个问题中迭代前进的。我想教育亦应当如是。

教师持续研究的价值及其他

我的学员林志明老师出书了。他是绍兴市上虞区的一所乡镇小学的副校长。这本书名为《因学设教——基于学情分析的单篇阅读教学设计重构》。在教师出书已不是件稀罕事的今天,这本书不过是一朵小小的野花。但对于见证它成长的我来说,却有一种值得细究的价值。在这本书的前世今生中,我观察到了一些对教师专业成长和专业研究的生动启示。

林志明对"因学设教"的关注源于2009年12月28日。那次我带着绍兴市小学语文研究者联盟二十余位成员举行成立以来的第一次活动。研修的主要内容是每位学员梳理分析自己在教学实践中遭遇的最主要问题,以帮助每位学员确立自己的教学研究项目。这样的研讨首先需要学员对自己遭遇的教学问题进行描述和分析,然后接受同伴和导师的质询。在这样的不断的碰撞和打开中,林志明当时明确了以"因学设教"为自己的教学研究项目,并初步有了一些研究的思路和具体的策略。当然从以后的研究来看,那时的许多设想还是过于庞杂和缺乏操作性。

我一直以为,教师的教学研究首先要根植于一线教学的田野。

在现实中遭遇什么?有哪些想解决又觉得能够解决的问题?有了这样的问题,如何归纳和描述?能不能尝试着去拆分、解释所遭遇的问题?从林志明的这个项目后续的发展来看,这样一场基于教师真实教学问题的研讨至关重要。

由此我还想到,我们太多的教学研究处在"伪研究"的状态。"玩概念""树山头""尚清谈""和稀泥"的"纸上研究"做得多,习惯于对现实的教学问题实施"表面处理"。很多时候，所谓的"以生为本""因学设教"，只是作为教育理念的标签和口号，而鲜见转化为教学现实的支架和策略的追寻与打磨。

研究无处不在。好的研究者应当有一定的专注和定力，去不断打开问题，寻求如何改进的探索勇气。

我很高兴我们多年来一直在努力寻求基于真实问题的教学改进研究。2012年2月28日，我带着绍兴市小学语文研究者联盟的全体成员赶赴林志明老师当时所在学校，实地观摩研究他的"因学设教"的阅读课堂，听他三年来的研究汇报。其后大家以团队一贯的"求真"态度，和志明展开激烈的思辨。而我作为导师，对这个项目的研究并不满意。

教师的学术生活当以"求真"为核心价值取向。这也是我所带团队一贯倡导和坚持的学术风气。无疑这样的当头棒喝和层层剥茧，帮助这个项目进一步理清了思路和方向。更重要的是，让研究者觉得吾道不孤。教师的研究是一个过程，需要外力的持续推动。我也观察到，在一线的课题研究中，我们对于过程的关注和支撑过于无力，最后以至于教师大量的课题研究不了了之，沦为一场教育资源的巨大浪费。

拿到林志明这本书的时候，我难掩激动。因为我看到的是一本用证据说话、用数据说话的散发着教学田野芬芳的草根学术著作。

"儿童对教师来说，既熟悉，又很陌生，而有时候，'熟悉'正是一种陌生。如果让'熟悉'蒙蔽了教育的眼睛，教师就会在陌生中迷失以致迷乱。这样的'熟悉'，说到底是蒙蔽了儿童。"（成尚荣语）

在大量的一线教学现场中，我们往往过于迷信自己的经验，在所谓的熟悉中失去了更为专业的、精准的判断。如何把握学生的现实起点，如何从学的角度构建教的活动，林志明在书中都有适切到位的论述。特别是他研究过程中积累的课例样本，细致完整地向我们展示一堂阅读课的诞生始末，有力地说明基于学情分析的教学才是更为精准、高效的教学。特别是其中的学情探测及分析，还闪烁着一些科学理性的思维。在当下感性、浪漫为主调的语文教学研究中，我个人觉得难能可贵。

从学校到教师，我们似乎永远有很多课题。但又普遍缺乏重实证、求改进、问学理、有招数的现场研究。

写这篇小文，我最想表达的是，教师唯有安静地研究、持续地研究，才能让研究落地生根、柳暗花明。

我在给本书的序中写道：圣人抱一为天下式。在纷繁喧嚣的物质世界里，在眼花缭乱的语文主张中，志明却志在以清明之心，静静地做，慢慢地写，以六年之功，专注发力，得以在难度颇大的小学阅读教学的学情研究领域一窥堂奥，颇为不易！这样以学情分析寻求小学阅读教学改进的著作，可谓独有其价值所在。在当前"以生为本""儿童立场""学为中心"等教育理念风起云涌之际，课堂教学急需能让理念落地生根的途径和招数。林志明的《因学设教——基于学情分析的单篇阅读教学设计重构》可以说给小学课堂阅读教学落实"学为中心"、突破效益瓶颈提供了一种思路和样本。

我个人认为，立足于自己的教学现场的持续研究，首先是成就学生，其次是成就自己。师生在其中共历生命的成长。

好的职业教师应当有自己的专业自觉和尊严。这样的尊严来自研究，来自安静地坚持，来自在安静坚持中感受到研究的乐趣。

从"优秀学子"到"优秀教师"有多远

2019年,华为创始人任正非在接受各种采访时有关我国基础教育的观点引起了大家的热切关注。尤其是"对一个国家来说,重心是发展教育,而且主要是基础教育,特别是农村基础教育。要让优秀的人愿意去做老师,实现最优秀的人去培养更优秀的人"的言论更是刷爆了朋友圈。

我们要致敬任正非先生这样有远见卓识的民族企业家,他是真正的战略大师。作为教师教育工作者,我强烈认同任先生的观点。

在我看来,建设匹配国家未来的教师队伍,关键在三点:一是大幅提高入职的门槛,二是把薪资提高到足够吸引优秀学子愿意终身从教,三是有真正的定期注册和流动机制。

专业的理性也告诉我,优秀学子和优秀教师有一定的关联,但毕竟是两回事。两者的关系甚至还不如优质的原料与优质的产品之间那样密切。在教育圈内,原来的代课教师、替职教师成为名师也不少见。笔者身边就有两位自学成才的名师朋友。笔者也见到过名牌大学毕业生,在普通的课外培训机构被人嫌弃。

工程技术人员面对的是物,凭借着个人或团队的技能、才智完成一个产品的创造和复制。教师面对的是人,人的丰富性决定了教育的极端复杂性。在我看来,一个优秀教师起码需要以下一些特质。

一、有对教育的内心认同和心灵完整

没有这样的基础,教师再好的素养都难以真实地转化为学生的营养。教育需要情感的投入。没有发现教育的魅力，就难以有对学生的热爱。亲其师，信其道。没有爱的流动，教育就无法打开学生的精神和认知世界，教育就会只是"雨过地皮湿"。这样的教育无法催生儿童真实的生长。

教师对教育的内心认同和心灵完整，既来自物质的体面，来自有尊严地工作，更来自教育理想和教育魅力的发现。

二、有出色的专业知识与能力

一般来说，优秀的学子成为教师，都会有出色的学科本体性知识。但时代在加速发展，教师的知识也需常学常新。作为教师更重要的是要研究"学生如何学会更好"，这是教学的策略性知识，也是教师的专业能力部分。师范院校相比其他院校，会多一些这方面的学习。但由于缺乏具体的问题情景，这样的学习终究大都是纸面上的。

从我个人的成长经历和对一些名师学员的观察来看，最好的专业成长就在自己的一线教学现场。专业能力的学习就是要全身心地"扎"到自己不断遭遇的教育教学的现实问题中去，顺势而为、见招拆招，在"打怪"的过程提升自己"打怪"的本领。这也是许多学历不高，甚至没有经过师范教育的名师逆袭的秘密。

三、有高阶的思维方式

我认为这会是大多数优秀学子的特质。相对于其他领域而言，我愿意相信思维方式相对具有一定的稳定性和延续性。从这个意义上说，让最优秀的人来培养更优秀的人，具有现实的意义。教学本质上就是两个目的：一是让学生越学越聪明，二是让学生越学越有兴趣。优秀学子出身的教师在这个时候就会是最好的榜样和超越的目标。

如果让我用一个特质来概括优秀教师的特质，我愿意选择"学习力"。"不学习，勿为师"。无论是新教师，还是老教师，好的教师的专业生活应该是自我更新、自我蜕变、自我驱动前行的过程。

杜威在其名著《民主与教育》中写道：生活的本质就是想方设法使生命绵延不断。因为生活的延续只能通过生命持续不断的自我更新才能达到，所以生活的过程就是一个自我更新的过程。

学习为我们带来了这种可能。在人群中，教师最需要成为终身学习者。因为学生的丰富性和不确定性，因为工作效果的隐蔽性、滞后性，更需要教师怀着敬畏之心不断学习"如何教，学生会更好"。

浙派名师第一人王充曾说：人之不学，犹谷未成粟，米未成饭也。

持续学习，优秀学子一定会成为更优秀的教师。持续学习，普通学子也能成为名师大家。

在名师队伍里，英雄从来不问出处。

给新入职教师的六条成长建议

每次我看到新入职教师的青春面庞,就想起自己刚入职时的情景。那时我18岁,刚刚成年,是一个内心理想与迷茫交织的中师生。那时走在所带的五年级学生的队伍后面,几次被村民误认为是长得比较高的男同学。转眼我已经从教了三十年,体验过各种做老师的酸甜苦辣和成败得失。因为工作的关系,我也培养和见证了许多年轻教师的成长。对于新入职教师,我最想和大家分享以下六条建议,或许能帮助大家尽快度过适应期,甚至可以为你即将开启的专业生活助力加速。

一、主动设计人际环境

《孟母三迁》的故事早已向我们说明了一个好的环境的重要性。但人的成长环境既有硬环境,还有软环境。软环境主要就指的是人际环境。如果周围的人都在积极上进,你也会随之更努力。这和大自然一样,是一种生态效应。

表面上看,人际环境非我们能够选择,但是被动之中可以发挥我们的能动性。在客观的工作环境中,你要注意甄别人群中哪些是正能量的、有上进心的人,有机会要多向他们学习、交流、请教。

除了工作环境中的人际设计,还可以跨校建设自己的工作人际交往环境,比如同学、导师以及本领域的高手。可以利用外出学习的机会,尝试向该领域内的高手请教,方便的时候还可以加一下微信。一位成名的教师一般不会当面拒绝一位年轻教师的虚心请教。

你还可以精选一两个有本领域名师大家参与的微信群。有想法的时候不妨"冒个泡"。因大家互不认识，你尽可以表达自己对专业问题的真实想法。虚拟环境的对话交流能够帮助你突破物理环境的制约，有时能收获到更有价值的指导和建议。

这样，就算是先把自己放到了一个上进的好环境中。

二、引入外部监督

我个人近年从著名的知识服务商"得到"创始人罗振宇那里收获不少。不仅有知识，还有一些思维方式。但最让我震撼的是他创业之初的那句"死磕自己，娱乐大家"。他的"死磕自己"的雄心真的值得我们年轻人效仿。一是他每天早上 6:30 在"罗辑思维"准时发布 60 秒语音。二是他自 2015 年始，发愿并请听众监督，每年的最后一天，"时间的朋友"跨年演讲要连办 20 年。对于这场四个多小时的超长演讲，罗振宇和他的团队要用一年的观察和学习去做准备和打磨。

惰性是人性的一部分。罗振宇说，在他坚持了三个月左右每天早上 60 秒语音的时候，脑海里也曾无数次想过要放弃，让他坚持下来的原因是：打开公众号后台，发现已经积累了 1200 万的粉丝。为了对粉丝负责，即使再反人性他也要硬着头皮坚持下去。

这就是引进外部监督，然后让自己被外部监督"绑架"。

一位年轻教师在专业发展之路上，需要主动"被绑架"。这种"被绑架"尽管不够舒适，但拉长时间的维度看，某种程度上就是在成就自己。

三、定一个目标然后拆解

如果你有一个专业成长的目标，首先要做的就是展开与拆解。

经过概括和提炼的概念性语言其实是现实世界的认知折叠，其主要作用是用来思考。行动时，则需要把被提纯过的目标充分展开，并不断与现实的丰富性连接，你才会发现要实现这个目标的真实环境的复杂与挑战。

认识到这一点，你已经离实现这个目标进了一大步。

然后你需要一点工程思维，思考：如果这个目标是一座房子，你需要哪些材料？哪些材料是必须的？我现在能干什么？应该先干什么？再干什么？干了之后的结果可能是什么？一直把这个大目标切碎到一步一步的阶梯，让你能不断完成一小步、一小步。

虽然这样不见得一定能完成你原先定的那个目标，但当你回首曾经努力过的足迹，你可能还是会心生感慨：我从未想过我能走到这么远。你会为自己感到骄傲。你会发现自己是一个做事的人。你会发现自己存在的更大价值与意义。

如果有一天，你真的能经常这样去思考和规划自己的专业人生，你已经距离名师近了一大步。你已经甩开你的竞争者很远了。

因为这个世界能够主动抵抗惰性的人太少了。

四、给自己的努力即时反馈

宅在家中，嗑瓜子想必会是一个常做的事。拿到瓜子，精准嗑开，响声清脆，咀嚼时散发出的香味瞬间进入大脑，整个过程迅捷连贯。就这样一颗一颗嗑下去，你参与其中的每一个小动作，都有反馈和奖励。就这样连续不断，一大堆瓜子变成了壳，而时间消逝得似乎比看书来得快多了。

可如果嗑瓜子没有声音，没有香味，没有小小瓜子肉可供咀嚼，我们是否还是如此欲罢不能？比如嗑瓜子如果没有声音，我想乐趣就会少去一半。就如一位游戏的设计师所言：如果你想戒掉一个你沉迷已久的游戏，最直接的方法就是你玩的时候把声音关掉。

游戏玩的就是人性。他的底部设计思维其实就是建立一套与现实世界迥异的即时反馈系统。如果你把声音关掉，游戏给你反馈的刺激度就会减弱。

专业成长是一个不断突破舒适区、抵抗惰性的过程。给这样的辛苦即时反馈，特别是小小奖励，其实就是在帮助自己增强回路，给这种努力不断加持动力。

五、处理教育问题多些复杂性思维

我们每天做着一项一项的工作，教育着一个又一个的学生，处理一个又一个的教育问题，看起来这些事情都相互独立，但其实我们并不是在一条线上做事。确切地说，我们是在一张网中做事。

人有线性思维的天生弱点。我们最习惯的就是因果关系。因为这样简便易行，节省脑力。比如：学生犯错—老师讲道理—学生认错，于是老师认为同样的错误学生就应该改了。学生不改或者重犯，我们往往会觉得不可思议、无法理解，最后陷入计无可施，认为这个"问题学生"无药可救。

这是最常见的一种线性思维。其实，世界上根本就没有这么简单的事情。

德国哲学家黑格尔曾说，人类唯一能从历史中吸取的教训就是，人类从来都不会从历史中吸取教训。成人世界尚且如此，何况学生？

特别是遇到"问题学生"，我们更需有一点复杂性思维。其实学生暴露出来的"问题顽疾"，都只是一张网上的一个点。这网上有很多变量，既有家庭的，也有同伴和社会的，既有过去的因素，也有学生当下生命处境的影响。

遇到难以解决的学生的教育问题，不妨学会往复杂处想，把相关的因素考虑得更多一些，这样能迅速地提升你的专业能力，让你的教育行为更加精准，更加具有个性化。恰如医生问诊，你理解到的信息越多，越有可能对症下药。

六、待人处事要有简单化思维

有一个小故事：

一个小男孩有一堆好看的石头，一个小女孩有一堆好吃的糖果。两人商定,石头换糖果。小女孩把所有糖果给了小男孩,小男孩却将最大和最美的两块石头藏起来留下。小女孩得到自己想要的石头,满心欢喜,晚上睡得安稳香甜。而小男孩却彻夜辗转难眠,他被一个巨大的问题反复地痛苦折磨:小女孩是否也如自己一样,将最好和最大的糖果留下了?

这个原本十分简单的问题,透射出复杂的人性。从中我们既能感受诚信的可贵、契约的尊严,也能体察到人性的弱点、人心的黑暗。诚信才会简单,简单才会纯粹,纯粹才会快乐。

待人处事有简单化思维,才有精力在专业学问上下功夫。机灵的确能解决一时的问题,但唯心有良知、温和坚定、知行合一、持续努力,最终才能得偿所愿。

在这个万物互联的时代,我们面对的诱惑实在很多。在这么多的诱惑之下,能一直保持对专业的好奇和追求,挑战突破自己已有的人设,真的是一件很酷的事情。

祝愿年轻的同行们在教育人生路上一路向前,早点把教育生活建设成自己想要的样子。

为微小的改进努力

春花已盛,气象学上的春天已然来临。在一场没有预演的社会灾难面前,我们已习惯宅家,几乎关闭所有社交。

我们原来是多么忙碌,每天热火朝天,最大的抱怨是时间不够用。之前相互问候、打招呼,大家连问"最近忙吗?"都省了。现在因疫情,突然有了大把的时间。窝在这大把的时间里,我经常想起小学语文教材里朱自清的那篇《匆匆》。恍恍惚惚,一天又一天。

等到宅家结束,我们都可以清点一下,在这大段的时光里留下了什么。

你未来的样子,取决于你看见此刻的方式。

时间不会因为疫情有什么波动,就像春天不会因为疫情迟到,该开的花还是要开。时间公平而低调,无声无息地流过你我。

时间的管理,本质上是和自己过不去,是一种让人难受的管理。挥霍时间,是人的本能,因惰性是我们人性的一部分。

一段时间,我发现自己手机用得过于频繁,感觉大脑信息过载,情绪低落。查阅了一些资料,原来是陷入了同情性创伤。于是想调整一下自己。我从管理自己使用手机的时间开始。我给自己的限定是每天三个小时,减少自己无所事事时就去翻手机的冲动。因为有一点点的生命自觉,似乎少了一些虚度的负疚感,每天好像更充实一些。

稍有成就的人,大都清楚自己并非天赋异禀,而是因为在某些时刻,你比别人稍微认真了一点点。

比如像我这样从小玩泥巴长大的农村孩子,回想起来当时也就因为比伙伴们多看了几本连环画，学习时认真了点儿，就成了吃公粮的人。工作了，还是一样比周边的伙伴多看了几本书，工作态度更认真一点，遇到问题多思考一下，有空还写点小文章啥的，就成了一个领域稍有名头的人。

年少时我们经常谈理想。用的形容词是"壮志凌云"，是"豪情"与"雄心"。但当你开始真正做事的时候，才发现哪有那么多可以让你挥霍的壮志和激情。书本上的都是形而上的抽象，而现实就是一团乱麻式的问题。有时现实之墙还又硬又冷。

比如我相对熟悉的教育领域。一位真正成熟的老师，最需要的是接受现实的约束，包括学校环境、学生学情，然后为能力所及的改进努力。愤怒和批判固然痛快，有时其中的思想光芒还特别可贵。但我读了那么多的批判现实教育的文章，总觉得陷入情绪的多，去努力建设的少。阳明先生倡导"致良知""知行合一"，我认为可以是我们一生努力的方向。

其实不仅是我们老师，生活中的每个人都可以在自己庸常的生活中努力一点点，改进一点点。某天听"得到"音频，罗振宇讲到这么一件事：

专车司机都会要你给个好评，因为五星好评能被优先派单，但很多人没给。有一天罗振宇打了辆专车。这位司机在离他家还有两三百米的时候，非常有礼貌地说：我提前给你结束行程，少收你点钱。听到这句话，你肯定觉得，占便宜了。正要说谢谢呢，紧接着，这位司机说了一句话：麻烦您，如果您方便的话，能不能给我点一个五星好评？

这就是微改良，这通操作看起来一下子也改变不了司机的生命处境，但我很相信他将来大概率会成为专车司机行业的佼佼者。

每个了不起的成就，都必然有一个看似微不足道的开始。比如武汉的快递小哥汪勇，从接送第一个医务人员开始，到成为感动中国的前线医护人员背后的守护者。

我想说的是，在充满复杂和挑战问题的特殊时期，汪勇表现出来的思维方式和行动能力给我们上了深刻的一课。要解决问题，你先要接受问题，然后想办法一点点改变。这里面有太多的内容可讨论。

我们都是被约束的人。在有限的条件下把事做成做好，就是最大的了不起。如果可以穿越，我想对年少时的自己说：你要改变世界，首先得让世界改变你！世界从来不会在你脚下。

人生是一个不断求解的过程。而自己，是这道题最大的已知条件。

我们都难以预测自己的未来。尼葛洛庞帝说：预测未来的最好办法，就是把它创造出来。

我们当下唯一能做到的就是为所有微小的改进努力。

做时间的主动管理者

以前正常工作的时候，觉得时间总是不够用，仿佛一不留神它就溜走了。抗疫期间少有人打扰，少有急着处理的工作，可每天还是觉得眼一睁一闭，一天很快就没了，一个星期很快就没了。一静下来，空洞与虚无感就阵阵袭来。

有没有良方，让我们没有忙碌时的身心俱疲，也没有虚度光阴的身心郁闷？

我看到过这样一则材料：

柳比歇夫，一个百科全书式的苏联昆虫学家，在诸多领域都有重大贡献，被学界称为活了几辈子的人。他从26岁一直到82岁去世，56年如一日，坚持对个人时间进行定量管理，并定期做分析总结。他的这种主动管理时间的方式甚至被誉为"柳比歇夫时间统计法"。

看起来柳比歇夫这样自己难为自己好像很辛苦，可事实是他每一天工作的时间不过4个小时，每天睡觉的时间都要有10个小时。

他有一个概念可能对我们会有启发：纯时间。即做一件事纯粹支出的时间。我们一直觉得能做事已经很不错了，至于用了多少时间，其中有多少纯时间我们几乎是无感的。

比如我写这样一篇小文章，写的过程其实是非常散漫的。看似写了两天，其实刨除那些写作时与写作无关的事，我估计纯时间支出也就两到三个小时。柳比歇夫时间统计法抠的就是这隐形浪费的时间。通过对做事时间的相对精细记录，提醒自己专注做事。同时他还在时间中找出了时间，用来做其他有意义的事,以至于他可在多个领域分心旁骛,终成大家。

这种对时间主动管理、反馈改进的能力,看似只是简单地把单位时间的利用效率提高,其实很难,难在需要不断坚持和不断改进。

如果你有兴趣,可以来实践一下柳比歇夫的时间管理法,每天花三五分钟记录下自己所做的每件事情以及消耗的时间。

网上有人戏言:我发现自己能始终如一地坚持下来的事情,除了按点吃喝拉撒睡,似乎也并没有什么了。

我有一个基本观点:精进不已,哪怕是"一厘米之变",也是人生可以确定的基本战略。

一些让自己心动的方法,如果能在我们最需要的时候,支持我们走过一段路,给我们另一种人生体验,就是一件很棒的事情。

我自己就做了这样的尝试。因疫情宅家期间,为了让自己少浪费点时间,更好地管理自己,我给自己列了一张表格,内容大致包括:工作,阅读,写作,锻炼,其他。

每天睡觉之前多少记下一点一天所做的事情。一两天没什么感觉,一星期过去一看,就可以清晰地看出自己的生命轨迹和真实状态。这些琐碎无意中就成了我过去时间里清晰的、细致的路标。

每天用一点时间记录复盘,就是给自己一种生活真实的确认和反馈。你会感觉到时间的真实力量。

尝试时间的管理,不能不说一下对手机的管理。手机,这差不多就是我们这个时代的另一个身体器官了。它给我们各种以往难以想象的便捷,但也把我们的生活和时间充分碎片化了。每个人除了一些必要的生活和工作应对,每天都有大量时间在刷手机。网络时代的瞬间点开机制和各种超文本链接,常让我们深陷其中,以致最后往往忘了刚才为什么要点开。或者回头一望,刚才只是为了找一个人发一个文件,结果点开了朋友圈,于是就陷在了批阅"奏章"的节奏里。

我现在尝试利用手机中使用时间的记录功能,努力把用手机时间每天控制在三个小时内,努力减少无所事事时主动打开手机,做需要深度思考的事情时努力不主动打开手机。解锁次数每天努力控制在50次内，早上、中午、晚上努力只集中各看一次。

你看，每一项对手机的管理都得需要用上"努力"。但是，这种能自律的感觉还是很不错的。

我还是难以确定自己能如此坚持下去。按照我以往的脾性，在正常的生活节奏里，最后大概率是难以做到。可总比不尝试好，起码我现在已经做成了一些以往长时间没做成的事。这些做事的时间其实都是通过主动管理优化出来的。

生活在变换了节奏的时空里，时常怀念忙碌的感觉。我的很多教师朋友都在热切地向往开学，向往热气腾腾的、脚底板朝天的忙碌。我也是如此。但真相是我们永远得活在当下，我们能把握的永远只是现在。

在这个史无前例的清冷、忧郁的长假里，人多少有点落寞，甚至活得有点苟且。但如果能对时间的使用做一些优化，哪怕是短暂的优化，可能就会给你带来职业和生命的成长红利。

有人说，这就叫"不苟且红利"。

未来教师的 U 盘化生存

时间正在不断地把我们带向未来。世界从未像现在这样以加速度发展。万物互联，人工智能……科技不断被创新。人类的认知也在不断迭代进化。

面对未来，教师该如何生存？如何把握专业的尊严和价值？作为一个 30 年教龄的老师，我在这篇文章里想描述一下未来教师的 U 盘化生存图景。

"U 盘化生存"这个概念源自罗振宇的跨年演讲，讲的是人如何突破生存困境。罗振宇对此的理解是十六个字："自带信息，不装系统，随时插拔，自由协作。"

结合教师的工作性质及生存环境，我的理解是教师如果要作为一个突破专业化生存困境的"U 盘"，我想大概需要有四个特质：信息丰富、即插即用、没有病毒，以及材质坚固。

一、信息丰富

这差不多可以类比教师的专业知识与经验。一个信息量贫乏的 U 盘，往往只具有基础价值。但如果一个装载大量有效信息甚至是不可替代信息的 U 盘，其价值对于用户来说，就很难估量了。

教师的专业价值评估也是如此。人们总把青睐的目光聚焦在精英教师身上，因为稀缺，也造就了特别是以家长为代表的用户的极度饥渴与需求。各地开学初的种种由换教师产生的事件，原因差不多只有一个：对新任教师专业水平的不满和不信任。

U盘的信息是需要不断存储和刷新的。对于一个U盘的使命来说，生命不止，信息增量不止。一个有专业自觉的教师，一样需要不断摆脱存量思维，用增量思维看待教育工作。教师的很多工作是经验性的，但经验往往只在相对稳定的环境中适用。在农耕社会，几百年、上千年种植农作物的经验，差不多可以一成不变。但在当下，面对飞速发展的外部世界，我们老师在管理班级和学科教学时，经常会尴尬地发现，许多原来自以为正确的经验常常会不够用、不适用。这就需要教师要有增量思维，在不断地学习的状态中刷新存量经验，让个体的教育认知和实践经验迭代升级。

我还特别想对体制内的教师说：一定要珍视所有专业学习的机会。虽然体制内提供的教育培训和各种学习机会看起来还有很多的问题，但走出体制，你会发现，没有一个机构会像体制内的教育系统一样倾其所有资源来培养教师，不惜成本来丰富你的专业信息、提升你的专业能量。

教师专业价值的变现时代已经到来。教育体制内外的人员流动已经正常化。但你是否具有选择工作环境的专业能力，则是你必须直面的大问题。

我的忠告是——好好做眼下的这份工作。好好学习，特别是向高手学习，不断丰富自己的专业能量，培育自己的不可替代性，在面对不可预测的未来时，你会相对多一些生存的安全感。

成人成己，这是教师工作的基本伦理，是真正的双赢。

二、即插即用

我记得刚开始使用U盘时，首先需要下载程序，才能驱动U盘工作。当时外出讲课，经常是带个U盘。临上场时，先要下程序，一顿忙活，有时还出各种状况。我当时就想，要是U盘能即插即用该多好。当然现在这样的技术已经不值一提。

网络时代对人类生存最大的影响就是个体价值的真正觉醒，价值观的多元和社会分工的重组必然带来职业的流动与迁徙，这是无法抵挡的趋势。就算是你待在一个学校里不想流动，行政也需要为了社会的教育公平，让你离开眼下的工作环境，进行区域交流。

面对一个新的环境和系统，你需要尽快启动并随时贡献自己的专业信息和专业能力。如此，协作精神与沟通能力应当就是你必须自带的运行程序。

三、没有病毒

一个有病毒的 U 盘轻则暂时不能启用，重则自废武功，让全部有价值的信息报废，更可怕的是凡有接触皆会传染。

教师是育人的工作，更加需要有主流的价值观，要多一些正能量。这一点，无论是现在还是未来，只要人类还存在，就一定适用。

四、材质坚固

再有价值的 U 盘，若一摔就坏，也会沦为电子垃圾。我使用过的好些 U 盘，最后差不多就是被摔坏的。U 盘可再买，但宝贵的信息没了，才是让人"痛心疾首"的。

身体是革命的本钱。作为一名老师，一定要管理好自己的身体。面对未来，生存、工作和学习的压力只会不断加大。这首先需要你有健康的身体。这不仅是为了自己和家人，也是为了学校和学生，往大了说还为了祖国和人类。

其实不仅是教师，任何个体面对不可预测的未来，都需要 U 盘化生存。

理解未来课程与教学的趋势

2017年10月,我作为学术嘉宾参加了"李玉贵老师小学语文课堂研究工作坊"活动,玉贵老师在活动中表现出来的教育素养,让我深受震动和启发。联系那段时间自己的学习思考,我在活动中对未来的课程与教学趋势做了分享。以下是我整理补充后的文稿。

我认为,未来的教学趋势依然会围绕着课程内容和实施路径展开,只不过一切都需要重新定义。

从课程内容看,一是越来越多的顶尖教师会有自己的标志性课程。所谓自由在高处,未来无论是在体制内还是体制外,拥有自己标志性课程的老师都将会因此处于教育食物链的顶端。他们会拥有更多的专业自由。这些老师会像U盘一样,自带丰富的、不可替代的课程信息,既可以独立运转,也可以与任何一个系统协作融合。其实,这片教学的蓝海已经开始被广泛关注。顶级名师的流动和迁徙已在不断加速。

二是越来越多的优秀教师会更加自觉地打开或者软化学科边界,主动寻找学科内外知识之间的相互联系。学科知识的细分式学习和基于现实世界完整性的综合性运用学习会在各学段更加紧密地交叉进行。特别在小学低年级,会更加注重回应学生现实世界的基于整体的认知方式。未来的课程内容,一定会在学科本质和认知完整性上取得更高阶的平衡。

研读《中国学生发展核心素养》的十八个指标,我们可发现这些指标与每一个学科都是若即若离的关系。可以说,没有一个指标有着明显的学科性特征。如果我们承认教育是为了让人自由、充分、丰富地发展,我们就必须承认学科终究不过是载体和工具。必须承认学科不是终极目的,学生的生命发展才是最终的价值取向。

明白这一点，我们就会跳出单一的学科思维，看到教育最底层的更重要的东西，比如价值观和思维方式。个人认为，价值观和思维方式就是必备品格及关键能力的核心。

原来我们一直把"不要荒了自己的园，肥了人家的田"奉为学科教学的圭臬，但置放在核心素养的时代语境里，我们需要重新审视它的合理性。

每一个学科都是伟大的，都有着严密的知识体系，都有着它独特的美丽和芬芳。但就算如此，我们每一位学科教师面对课程内容的时候，首先要想的是学科如何主动对接学生的核心素养培育，思考学科能够为学生的更好发展提供什么。在这里，我们特别要警惕只见学科，不见人的课程内容。

三是未来课程具体学习任务的研制，会更加精准地让每个学生进入"学习区"。很多时候，我们发现学习的实践效果不佳，往往在于我们对于什么是好的学习认识不清。好的学习要努力在课程内容上摆脱"舒适区"，进入"学习区"，我们要特别警惕那些"一帆风顺"的教学。好的学习应当是曲折波动的，应当是不断向生长的。课堂应当是所有学生学习、试错的田野，应当让每一个学生在其中都有存在感和获得感。

从课程的实施路径来看，我相信未来会基于技术和人的深度联系展开。

技术不会颠覆教学的本质，但是技术会完全改变教学的展开路径。万物互联带来的信息即时性、丰富性和碎片化，已经把我们带到教育变革的风口。有人会因此长出翅膀，也会有人因此晕头转向或者一头栽倒在地。

其实最让我敬畏的还是基于大数据的技术在教学中的运用。这一层面纱已经被逐渐揭开。当所有的教学痕迹经由技术沉淀为数据，当这些数据经由岁月、经由万千众人，最终自动进化成可供研判的各种真相和趋势，我觉得，教育的黑箱因此会被进一步打开，虽然我认为要完全打开几无可能。

当教师的个人经验遇上有大数据技术支撑的学情研判，我相信这会是人类教学的一次飞跃，是真正走向精准高效的一大步。这会是教育基于理性、基于科学思维的一次革命性的绽放。

2016年，我和陈凤老师运用数据和实证思维，共同研制的人教版四年级《果园机器人》一课，已经初步证明了课堂朝向精准教学的可能性。在浙派名师的教学现场会上,这堂课引发了同行的强烈发响。该课实录及评析经杂志发表后,一些师范大学的小学语文专业已经将其作为课堂范例来研究。

课程实施的另一条核心路径,我认为是发现、重构教学中人与人之间的深度联系。从我有限的经验看,未来课堂的运行关键要素在于倾听、协同与分享,以深度的联系推动深度的学习,构筑让学生有存在感的学习氛围和情境,在丰富的安静中让学生学得更加专注,让学习的原力觉醒、生长。这也是佐藤学、秋田喜代美等教育家提倡的"学习共同体"的要义所在。

在有意义的实质性互动中,让个人负起学习的责任,并由此让所有学生间有着积极依赖,这样的深度联结催生的是润泽的课堂。这是当时李玉贵老师近两个小时的《蝙蝠与雷达》带给我的重要启发。特别是前半个小时李老师对一个陌生班级进行的课堂运营的架构与练习,让我感叹我们的课堂教学运行的确存在着很多问题。

这样的判断,其实最早萌生于2002年我第一次听黄锦燕老师的《漫谈沟通》。只不过那时候的自己认知还相对低级和模糊。连同记忆的还有时任全国小学语文教学研究会会长崔峦老师评此课时难掩的激动之情,他以"什么是"为开头的一长串排比句,是我在之后的全国小学语文江湖中再未见到过的大场面。

近年来,拥有人类最强大脑的柯洁已经向阿尔法狗献上了双膝,人工智能已经出现在高考现场,还出了诗集《阳光失了玻璃窗》,139首现代诗全出自机器人"小冰"之手。人工智能已经在尝试抵达现代人类的情感深处。

基于大数据的人工智能正在加速度迭代进化。那么,人类有什么用?人类的智能有什么用?人类的学习的价值在哪里?在这样一个未来已来的时代,我们可能都需要思考,作为教育者,我们要把怎样的同类交给未来的社会?这真的是一个天一般大的命题。

人类是万物的尺度。人类和人工智能的区分和差异在哪里?

我想,这中间差的就是人类的核心素养。丰富的人性、先进的思维方式、创造和感知美好的能力,我想这应当是未来一切教学变革需要坚守的价值取向!

朝向未来的名师形象

名师是稀缺的。对"名师"这一称谓保持敬畏和仰望，是我写这篇小文的初衷。根据自己的学习和思考，我整理出若干关于未来名师专业形象的理解，供有缘人参考。

一、有教育信仰的"信徒"

教育工作有三重境界：职业、事业和志业。名师当以教育为志业，需要一生的虔敬和信仰。

朱熹说：敬者何？不怠慢、不放荡之谓也。

马克斯·韦伯说：学术是一场疯狂的赌博，以学术为志业必然要有献身精神。

德鲁克说：只有通过绝望，通过苦难，通过痛苦和无尽的磨练，才能达致信仰。

阳明先生说：知行合一，事上磨练，致良知。

唯有信仰，才有纯粹的激情。身处俗世，没有所谓的净土。唯有扎根一处，以信仰为柱，营造教育的精神家园。

一门学科，一个班级，一所学校，一片小小的区域，以人性之良知，守教育之常识，以凡凡之肉身，求信仰之飞翔。

名师抵达教育信仰之路，是冷暖自知、自负盈亏的体认之路。

在教育的职业境界和事业境界之上，攀登志业境界的名师急需的是教育理想主义者的情怀和气象。

二、有理性精神的"完整人"

德国前国防部长的博士论文涉嫌抄袭一事曾引起国内一片哗然，为了保护这位将大有作为的政治新星，默克尔以"我们需要的是政治家而非学术研究人员"为之辩解，但是德国两万名教授联名上书反对，他们担心这将毁坏德国学术圈严谨的优良传统。

德国教授们的较真与严苛展示的是德国学术界的"堤坝"。作为名师，从入职起，就应知道教师是读书人，是知识分子。古人说，读书人的使命就是"修齐治平"。今人说，知识分子从来都应是社会的良心。

作为名师，应当成为其所处社会理性与道德的高塔。

中国当代最具影响力的人文学者之一钱理群先生在《鲁迅与当代中国》的发布会上有一段演讲，令人印象十分深刻："如果有非要让你表态的场合，你该怎么说话？我说三个建议。第一，说真话本来是一个人的基本的道德，作为年轻人要尽量说真话。第二，不能说真话的时候你就沉默，不表态就可以了。第三，如果不表态不行，你必须说假话，说假话有三个底线：一是你要分清是非，你要知道自己的表态是错的，你要知道真话是对的，假话是错的；二是你说假话是被迫的，不能是为了给自己谋私利而说假话；三是不能伤害第三者。"

这是一种非常清晰的精神刻度。我个人认为这番话值得所有人读一读，以映照自己的为人处世。和平的年代可能感觉不到其中的分量，但置放在世事诡谲、争斗动乱的时代，这可能关系到的甚至会是肉体的生存还是毁灭。

努力以阅读与理性的思考完善自己的认知地图。努力与各种喧嚣的人群保持距离，警惕自己成为"乌合之众"。努力以与生俱来的最朴素的"是非"观坚守住良知的底线。努力擦亮作为一个知识分子的精神尊严感。

一个思想上真正独立起来的教师，才有可能培养出拥有独立思想和理想情怀的学生。

一句话，朝向未来的名师要有自己的精神生活。

三、成为未来课程的代言人

朝向未来的名师必然是未来课程的代言人。

随着人工智能的全面展开，人类的社会生活会进一步演化。传统学科的学习边界也会被进一步打破，学科综合与学科细分都会成为传统的学科教师面临的挑战。

新生的课程样态会不断在学校学习的边缘地带发生。它可能不会有标准化的教材。但它需从社会、从每一个学习者的生活中寻找学习资源。"让世界成为教材"的理念并不遥远。在与生活世界的真实互动中，学习者的履历和经验都会推动未来课程的迭代与进化。

很早以前朱光潜先生就有洞见："宇宙本为有机体，其中事理彼此息息相关，牵其一动其余，所以研究事理的种种学问在表面上虽可分割，在实际上却不能割开。世间绝没有一种孤立绝缘的学问。"

课程，在古希腊语里就是"跑道"的意思。按照给定的路径和资源，一路抵达终点。未来的课程的起点是人，是人如何面对社会和生活挑战的问题。课程的终点处，还是人，是人的问题的初步解决，是为人的存在意义实现奠定基础。

伟大的教育家苏霍姆林斯基在他的时代里对这些课程的终极问题有许多行动上的回应：比如他一周两次把学生带到野外去，到"词的源泉"去旅行，他把这称为"蓝天下的学校""快乐的学校"。他曾说："宁静的夏天拂晓，我跟学生们感觉和体味到朝霞、拂晓、闪烁、天涯这些词在感情色彩上的细微差别。"

我很欣赏一位名师所言：我就是语文。教师自身就是最重要的课程资源。无论是国家课程还是地方课程，在一线的课程实施中，都会因教师而产生独特的个性化烙印。在学生那里，教师就是一门课程的代言人。学生喜欢一门课程，往往就是喜欢一位老师。在学生学习的经验世界里，这是课程与教师的价值融合。

四、成为学习活动的设计师

朝向未来的名师的专业不可替代性将会进一步彰显，他们不会再是知识的搬运工，他们将是学习活动的设计师。

对于学生所需学习的知识，名师可能需要准备两种姿态：一是绕到知识的"后台"，了解知识发生的来龙去脉。二是站在知识的旁边，看看这些知识与其他的知识的横向关联、与学生当下生命的关联。这样设计的学习活动，才会让知识真正成为能够在学生认知系统中生长的有机体。

除了对知识的二度转化处理，学习活动还需考虑以学习者为中心的路径设计。

我们当下的学习是按照"目标·教学·评价"的一元化阶梯结构进行组织的，他的优点是清晰明确，适合于知识的大规模、复制化传递。

未来学习要更关注个人化知识的创生。基于"主题·发现·评价"的多元化的"登山型"学习将会成为未来的方向。有学习的方向和任务，但不指定学习的具体路径。有学习的竞争，但更需依赖合作，甚至会在高年级出现"教别人才是最好的学"这样的学习景观！

在一场真实的学习历程中，老师既是优秀学生的路边鼓掌人，同时也是学困生的回应者和帮扶者。"登山型"的学习，每一步都需要学生去亲历，去发现，去寻找"一座山"最适合自己登顶的路径，更关注学习过程中人的真实在场的体验。朝向未来的名师会是这类学习生态的首席缔造者。

当然学习活动远非我们能想到的如此简单。确切地说，学习就是一个暗箱。老师应当始终葆有对于深度理解学生和学习的专业热情与专业能力。这不仅需要有出色的直觉和经验，还需要有实证和大数据为学习活动设计提供决策依据。

我很认同一位专家所言：面对学习活动，老师需要有"显微镜"式的观察能力，"望远镜"式的预测能力，"导航仪"式的指导能力。

好的学习设计，就是带着学生掉进"陷阱"，然后又带着学生一步步爬上来，让学生完整地经历认知的失衡和重构的过程。

好的学习设计，就是帮助学生学会学习，让他们可以更从容地掌控自己的学习，从苦学中解脱出来，走向巧学，走向更高效的学习。

五、成为永远好奇的创新者

未来，改变是唯一不变的事。

我曾读到一个故事：话说在美国和墨西哥的边境线上，每天有一名男子骑着后座上放了个箱子的自行车。边防警卫每天例行检查箱子，结果发现里面全是沙子。就这样过去了两个月，男子每天穿过边境，每次都带着一箱沙子。警卫明知他有问题，但就是啥都查不出来。最后，这名警卫终于崩溃地问："求求你告诉我，你到底想走私什么？"男子回答说："自行车啊。"

因为生活习惯的塑造，我们的思维会被定势和惯性牢牢锁住。朝向未来的名师的创新，首先在于思维的解锁，即对习惯思维方式的突破。

从某种程度上说，名师们遇到的问题，可能不再是如何依靠勤奋实现弯道超车，而是如何转换思维方式实现换道超车。

这是一个后喻文化的时代。作为网络的原住民，我们的学生和后辈会在老师的视野之外掌握越来越多的新知识与新技能。文化反哺会成为未来时代的基本特征。

如何向学生学习，会成为未来教育的一个重要主题。我非常相信一种新的思维方式可以诞生一个新世界。

往大了说，人类的进程中，每一次小小的进步，都凝聚着人类摆脱过去，面向未来的艰辛。创新的每一小步，都是一场血与火之歌。

有什么样的老师就会有什么样的学生。这也是网上盛传的任正非先生的高论"让优秀的人做老师，培养更优秀的人"的立论逻辑。要让学生聪明起来，教师首先要聪明起来。要让学生有创新思维，教师首先得有创新思维。

我们呼唤名师有更多的个人化的专业创造，在未来的全球视野中，培育更多跨越各种边界的学生。

正如人生的逻辑难以线性，名师的专业生涯也难以按部就班。

但有一点是确定的，未来教育生活中各种真实的挑战，都会成为未来名师思维飞跃、创新涌现的土壤和源泉。